未来の教育を創る教職教養指針 **6**
山﨑 準二・高野 和子【編集代表】

カリキュラム・マネジメントと教育課程

金馬 国晴【編著】

学文社

執筆者

金馬	国晴	横浜国立大学	[第1章・第6章・終章]
八木	英二	滋賀県立大学（名誉教授）	[第2章]
田村	知子	大阪教育大学	[第3章]
藤本	和久	慶應義塾大学	[第4章]
池上	東湖	元大東学園高等学校	[第5章]
本田	伊克	宮城教育大学	[第7章]
劉	博昊	東京都立大学（非常勤）	[第8章]

<執筆順>

シリーズ刊行にあたって

　21世紀の現在，国内外ともに，就学前教育から高等教育まで，また学校教育のみならず家庭や地域における教育までも巻き込んで，教育界はさまざまな「改革」が急速に進められてきている。教師教育（教師の養成・採用・研修）全般にわたる「改革」もまた，初等・中等教育の学習指導要領改訂に連動した教師教育の内容・方法・評価の「改革」として，また教師教育を担う大学・大学院の制度的組織的「改革」をも伴いつつ，急速に進められてきている。

　とりわけ近年，「実践的指導力の育成」というスローガンの下で，ともすると養成教育の内容と方法は，実務的・現場体験的なものに傾斜し，教職課程認定における行政指導も次第に細部にわたって強まってきている。さらに，「教員育成指標」「教職課程コアカリキュラム」の策定が行政主導で急速に進行しているが，教師教育の営みを画一化・閉鎖化しかねないと強い危惧の念を抱かざるを得ない。

　そのような教育全般および教師教育の「改革」状況のなかで，今回の新シリーズ「未来の教育を創る教職教養指針」を，主に大学等での養成教育における教職関連科目のテキストとして企画・刊行することにした。そして，以下のような2点をとくに意識し，現職教師の自主的主体的な研究活動も視野に入れて，本シリーズを，各巻編者も含めた私たちからの，教師教育カリキュラムの1つの提案としていきたい。

①教育学や心理学という学問内容の体系性ではなく，あくまで教師教育という営みにおけるカリキュラムの体系性を提起することを直接的な目的としているが，過度に実践的実務的な内容とするのではなく，教師自身が教育という現象や実践を把握し，判断し，改善していくために必要不可欠とな

るであろう，教育学・心理学などがこれまでに蓄積してきた実践的・理論的研究成果（原理・原則・価値，理論・概念・知識など）を提起すること。

　同時に，即戦力育成を目的とした実務能力訓練としての「教員育成」ではなく，教育専門職者としての発達と力量形成を生涯にわたって遂げていくための教師教育を志向し，そのために必要不可欠な基盤づくりとしての養成教育カリキュラムの１つのあり方を提案するものでもあること。

②現在，教職課程認定行政のなかで「教職課程コアカリキュラム」が示され，すでにその枠組みの下で再課程認定が進められてきている。本シリーズは，本来，上記「コアカリ」という枠組みに対応するべく企画・編集されたものではないが，扱う内容領域としては，上記「コアカリ」の内容にも十分に対応し，さらにはそれを越える必要な学習を修めることができるものを構築すること。

　ただし，「教職課程コアカリキュラム」との関係については，本シリーズの各巻・各章を"素材"として各授業担当者の判断・構想によるべきものであるので「対応表」的なものを示してはいない。なぜなら，「コアカリ」の〇〇番目に該当する□□章△△節を扱ったから同項目内容の学習は済んだという思考に陥ったとき，教師教育の担当者は自らの教師教育実践を研究的に省察の対象とすることを放棄してしまうことになるのではないか。さらには，そのような教師教育からは社会の変化が求めている自主的主体的な研究活動に立脚した"学び続ける"教師は育ちえず，たとえ育っているようにみえてもそこでの教育実践研究は既存の枠組みのなかでのテクニカルなものに限定されがちになってしまうではないかと代表編者は考えているからである。

　最後に，本シリーズ名とした「未来の教育を創る教職教養指針」のうちの「教職教養指針」という用語について，説明しておきたい。同用語は，19世紀プロイセン・ドイツにおいて最初に教師養成所（Lehrerseminar）を創設し，自らその校長として教師教育の発展に尽力するとともに，以後の教育学・教科教育学および教師教育学などの理論的構築にも寄与したディースターヴェーク（Diesterweg, F. A. W., 1790-1866）の主著『ドイツの教師に寄せる教職教養指針

（Wegweiser zur Bildung für Deutsche Lehrer)』（初版 1835 年）から採ったものである。正確に述べておくならば，今日的な直訳は「ドイツの教師に寄せる陶冶のための指針」であるが，日本におけるディースターヴェーク研究・西洋教育史研究の泰斗・長尾十三二博士による訳語「教職教養指針」を使わせていただいた。ディースターヴェークの同上主著は，その後彼が没するまでに 4 版が刊行され，次第に質量ともに充実したものとなっていったが，当時の教育学や心理学，教科教育学やその基盤を成す人文社会科学・自然科学・芸術など各学問分野の第一級の研究者を結集して創り上げていった「ドイツの教師（それは，近代的専門職としての確立を意味する呼称である Lehrer ＝教師：現職教師および教師志望学生たちも含める）」に寄せる「教職教養指針」なのである。同書では「教師に関する授業のための諸規則」も詳述されているが，その最後の箇所で，それらの諸規則を真に認識するためには行為（実践）が必要であること，「最も正しい根本諸原理を自分の頭で考えて理解し応用すること」によってはじめて状況に対応した教育的な機転・判断能力が育成されるのだと強調されている。本テキスト・シリーズも，そういう性格・位置づけのものとして受け止め，活用していただきたいと願っている。

　本シリーズがディースターヴェークの同上主著と同等のものであるというのはあまりに口幅ったい物言いであるといえようが，しかし少なくとも本シリーズ企画への思いは彼の同上主著への思いと同様である／ありたい。そういう意味では本シリーズは「現代日本の教師（研究を基盤にすえた高度な専門職をめざし日々研鑽と修養に励む現職教師および教師志望学生たち）に寄せる教職教養指針」である／ありたいのである。

　本シリーズが，大学のみならず教育実践現場や教育行政において教師教育という営みに携わる教育関係者，教職課程を履修する学生，さらには教育という営為・現象に関心を寄せる多くの方々にも，広く読まれ，活用され，そして議論の素材とされることを願っている。

2018 年 10 月

シリーズ編集代表　山﨑　準二・高野　和子

目　次

第1章　カリキュラムの主体―何のために学び・教えるか ……………… 1

第2章　学習指導要領とその意味転換 ……………………………………… 24

第3章　教育課程行政からカリキュラム・マネジメントへ ……………… 42

第4章　カリキュラムの類型・モデルと単元開発 ………………………… 59

第5章　自主編成と学校づくり―私立高校のケース ……………………… 81

第6章　「総合的」な学習と横断的カリキュラム ………………………… 96

第7章　かくれたカリキュラム ……………………………………………… 113

第8章　カリキュラム史―前近代から近代学校，新教育へ ……………… 130

終　章　実習生・教師としての理想とキャリア形成 ……………………… 161

資　料　165

索　引　183

■コラム①　学習動機の2要因モデル〈21〉
■コラム②　ライフヒストリーまんだら〈22〉
■コラム③　「テスト収斂システム」という仮説〈23〉
■コラム④　新しい学力観（1991年―）〈111〉
■コラム⑤　規律・訓練としての学校空間〈159〉

第1章
カリキュラムの主体―何のために学び・教えるか

1 学ぶのは何のためか―カリキュラムの学び側からの定義

　カリキュラムとはなんだろう。どこかで聞いた言葉であろうし，大学でも使われるものの簡単ではない。2つの方向で定義がされる。一方は，子どもの学習経験の総体，学びの履歴というような，学ぶ子どもの側からの定義である（他方の，教える教師や学校，行政の側の計画やその基準という定義は 3 で述べる）。

（1）まず，何のために学ぶのかを考える

　まず，学びの主体の子どもや私たち，つまり人間の側からみていきたい。私たちはなぜ学ぶ（学んできた）のか。学ぶ動機は6つに分類ができる（コラム①参照）。―大学生の今，そのうちのどれなのかを考えよう。さかのぼっていくと，幼・保，小，中，高校と変わってきたことだろう―。

　学校で学ばされてきたからか。では，何のために学校で学んできたといえるか。テストで落ちこぼれないため，またはよい点を取るためなのか。そして次の学校に向けた入試で合格するためか。

　「学ぶのは，学校のためでなく，生きるため」（フィンランドの元教育大臣，オッリペッカ・ヘイノネン）と考えるとどうなるか。生きるためを狭くみて，就職するためなのか。いやもっと広く深く，日常生活のため，よりよい生活にしていくためと考えてみよう（いわゆる生活教育という考えだ）。

　学ぶ動機の1つとして，「あこがれ」の人のようになりたい，と考えてみる。

（2）「あこがれ」の人をめざして学んできた人生と落差

　自分（または一人の子ども）のことを想像しよう。「あこがれ」の人はいる

（いた）か。恩師，親や兄弟，友だちや先輩，またはスポーツ選手，アイドルや歌手・役者，名人や歴史上の偉人など…。自分もそうなりたいと思って目標にし，真似したことがないか。図1.1のように，「今の自分」が理想として，「あこがれの人」を全体的にイメージし，真似して学びたいこと（学習項目，学習事項）を1つひとつ見つけ（「まねぶ」が学ぶの語源），学びとっていく過程で次第に近づくことができる。

ただ，あこがれの人にはなり切れないから，その人自体から離れた「なりたい自分像」を組み直せるといいし，こんな人生を送りたい，などと大きな目的が見通せるとさらにいい。

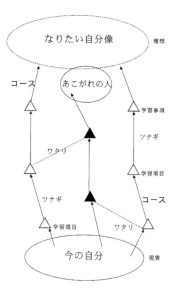

図1.1　マイ＝カリキュラム
出所：森崎（2003）

だが，理想の「なりたい自分」にすぐはなれない。現実の「今の自分」との間に，「落差」というものがあろう。不安やショックを感じてしまい，自己否定に陥ったろうし，いまだ達成していないだろうが，諦めていいものか。

教育とは，あえてこうした「落差」を埋める営みではないか。「現在」の到達点と「理想」の目標とを「つなぐ」プロセスをつかみ，そのプロセスをカリキュラムとみて学べるよう整えることが教育なのだ—ヴィゴツキー（帝政ロシア・旧ソ連の心理学者）のいう「発達の最近接領域」論に近い。梅根悟（1903-1980）は，遊びから職業への発展を連続的に表した「人生のカリキュラム」（Curriculum Vitae；履歴書と同じ英単語）というものを論じていた（戦後初期）—。

（3）学びたい想いからできてくるマイ＝カリキュラム—その構成

こうした意味の教育は，「あこがれの人」があこがれの行為（授業，演技，演奏など）をするときに，どんな力を発揮しているかをよくみることから始まる。

そこで，自分に足りないことを見つけだし（項目から内容へ），うまくつなげて（配列して）学んでいくわけだ。

■ヨコへの構造化
目標の分析・構造化→学習項目の切り出し・学習内容の選択→内容の配列

対して，タテの時間的な目標の構造化として，「なりたい自分」にベクトルを向けて，いくつかおおまかな段階を立て，短期目標や下位目標をつくることがいる。このような全体の配列の仕方や個々の学習内容への取り組み方などを決めていくのが，方法の選択ということになる。

以上が一連のカリキュラムの実施・実現ということで，その修正に向かうのが，カリキュラム評価といえる。

人が人生を生きるとは，図1.1のように，「現実」の今の自分から出発して，自分の目標，たとえば「理想」の「なりたい自分像」に向けて，学習すべき項目の1つひとつをつかみ，身につけたり（習得），身につけられなかったりしながら，コース（課程）を描いていくことといえないか。おおまかに，コースの上下の学習項目を関係させて並べていくことをタテの「ツナギ」，別のコースの学習項目と関係させていくことをヨコの「ワタリ」と呼ぶことにしよう。

以上をマイ＝カリキュラムと呼びたいが，これこそカリキュラムの学ぶ側の意味（子どもの学習経験の総体）のイメージ図といえる。ただし，学習項目をすべて自分で立てなくてもよく，すでにある「できあいのもの」を自己学習の材料（学習材）として見つけ，「活用」する場面があっていい。

使えるものは何でも使おう。さまざまなものを「活用」して学ぶプロセスが，人生というものなのだ（生涯学習，社会教育でいう自己教育ともいえる）。

2 何のために学んでほしいのか──主体性，問題解決を考える

そろそろ学ぶ側とは逆に，教える側に立ってみて，未来の教え子に，何を目標として立てて，どんな内容を学んでほしいのかを考え始めよう。カリキュラムのもう1つの意味，教育課程というものに，いよいよ徐々にふみこんでいく。

（1）「教えるのは何のため」という問いとその裏に潜む社会像

　今どき，高校・大学に合格し，卒業できて就職できれば，必ず幸せになれるだろうか（かつて高度経済成長期やバブル期はそう信じられただろうが…）。本書では，自分のためから出発しつつも，社会をよくして皆で幸せになろうとするような，社会問題の学びまで考えていく（さらに第4章は理論，第5章は事例，第6章は総合的なカリキュラム，第8章は歴史をもとにする）。

　そもそも，冒頭でみた学びの動機のいくつかにも，社会像が潜んでいた。自覚をしてとらえなければ，こうした隠れた社会像に侵されてしまう。

　①テストに通る，よい点を取る…テスト収斂システム（筆者；コラム③）
　②学校でやらされる，進級・進学…学校化社会（イヴァン・イリッチ；第8章）
　③就職・就社…企業社会という大企業優先の日本（渡辺治他；第2，6，7章）
　④現実社会から必要とされている知識や能力…システム社会（社会学；第8章）
　⑤生活する，生きて活動する場…生活世界（生活教育論，現象学；第8章）

　ほかにもあるが，気づいて自覚しなければ，どれかの社会にいつの間にやら貢献させられ，周りに判断をゆだねて引きずられ，加担するだけのヒトが育ってしまう。何のために生きるかをも，他人や何か大きなものに預けてしまうと，社会のために総動員され犠牲にされるような生活になる（疎外）[1]。

　教師（集団）として，自主的に調べ，研究をして，自分の教える知識・技能に（教科書に載っていることであれ）子どもにとっての意味があるか（レリバンス）を確かめたい。それ以上の見通し，未来は，子どもとともに前向きに探っていくしかない。これこそ高次の教育で，総合的な学習（探究）の時間ほか（第6章），その源流ともいえる新教育の一部（第8章）が注目できる。

（2）ユネスコ「学習権宣言」―その要素のいくつか

　高次の教育とはいえ，一人で考え動くことでは，力なく思えるだろう。だがすでに，国際社会は「学習権宣言」（1985）というもので，学ぶ意味の合意をみている（巻末資料）。その文言は，生活世界（人々のコミュニケーションによって織りなされる身近な関係どうしのネットワーク）の側から出発する学習の意味

をよく表している．今では，「持続可能な社会」と捉え直せる像をもっていたといえる（ESDやSDGsがキーワード；第2，6章）．

たとえば，先のマイ＝カリキュラムも，学習権宣言にある「自分自身の世界を読み取り，歴史をつづる権利」「想像し，創造する権利」の実現を見通し，生活世界とそこに生きる自分を豊かにしていく1つのイメージといえそうだ．

もう1つ大事なことが「問い続け，深く考える権利」だろう．問い（疑問，問題，課題）をもつこと，もたせることだ．学ぶことの目標，意味，意義，価値まで展開したいし，そのためのテーマを立てるのだ（総合や卒業研究，各教科でも）．もっぱら学校の事情で必要なことではなく，現実の大学や実社会での学習と研究，ある種の業種が「問い」なしには進んでいないからである．大学などの入試さえ，問いを重視し考え方を問うものへと改革されてきている．

（3）近年の学習指導要領—「生きる力」と主体性・問題解決力

すでに1990年代から，日本の文部科学省（旧文部省）と地方の教育委員会は，教育の理念を「生きる力」と規定してきたが，これには可能性があるのか．

「生きる力」は，英訳すると the zest for living と表現され，生きることへの「熱意」といったニュアンスを含む．その構成要素は多いのだが，第一にあげられてきたのが「自ら課題を見つけ，自ら学び，自ら考え，主体的に判断し，行動し，よりよく問題を解決する資質や能力」だ．一言でいえば主体性と問題解決能力となろう．学習権宣言につながりそうだが，もっぱら授業の方法から考え始めると「形式化」しかねない．柔軟に捉えるためにも，「何のため」に教えるか，いや本人が「何のために」学びたいのか，という目的や目標から問い直したい．そうしたくても学校は，目標がなかなかもてない子どもにも，かつ何十人に一斉に，学ばせなければならないシステムだからつらい（第8章）．

それには教師の側が少なくとも，形式的ではない，主体的な学び（マイ＝カリキュラム）を豊かにし，問いをもって学び続けることがいる．文科省のいう，子どもに主体性を育てることや，教師も主体的に学ぶことは，中身のない形だけだとやらせの「形式化」になる．文科省のいう「変化の激しい先行き不透明

な」時代に自らを「適応」させる程度の主体性へと押しとどめられてしまう（いわゆる新自由主義的なグローバル人材というものにされる；第2章）。

(4) 観をつくり像を結ぼう—術と学で支え，活用を

子ども・学習者の側も，学び続ける子へと育っていくには，教わったことを自分の中に吸収し尽くし（よって予習，復習が不可欠），かつ大人たちや政治・経済から求められるのとは違う「なりたい自分」の理想像へと集大成していくような「総合的」な学習がいる（本書も読者の皆さんにこれを求めたい）。

学びとは，さまざまな知識や技能，情報などを取り込みつつ，普遍的価値をコアとして自分なりの価値観を養っていくことといえる。数学教育を探究してきた数学者・遠山啓は，教育を図1.2のような建物にたとえ，術を土台，学を柱とみなし，そのうえでそれらを結びつけ統一するものとして，1つの屋根に相当する「観」を描いた（さらに，梁—柱に水平方向に架けられ，屋根の荷重を柱に伝えるもの—となるものとして，総合学習を提案もした）。

こうした像や観が見通せてくると，自分に何が足りないかがわかり，「自ら学ぶ」プロセスが始まる。土台（術）が弱いと思えば足固めをし，この柱（学）が足りないと思えば学びとる。具体的には，読書，自由勉強ノート，自主レポート，学習会（大学生でいえば，ゼミナール，自主ゼミや研究会サークル）などを奨励したい。まさにマイ＝カリキュラムとなってくるが，本書を活かして，理想の教育（授業，学級，学校）の屋根となる観や像をいつかつかみ，つくってみよう。

観に向かって，1つひとつの本書の記述を，土台や柱に活用してみよう。そのなかで，学んだ知識・技能を「実生活で活用する」能力（活用力）を養ってほしい。文科省も国際社会も共通して求める能力がこれである。たしかに，教わった知識・技能を，テストが終わったら忘れる（剥落；コラム③）のでなく，必要な場面で

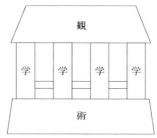

図1.2 遠山モデル
出所：遠山（1976）

どんどん使えるように学ぼうとの動機づけは大切だ。

そもそも国際的なPISA（児童の学習到達度調査）にしてもこの「活用力」を測るものであった（第2章）。活用力をつけたり養ったりすれば，主体性や問題解決力が，政治，経済の制約を越えていくものにまで育つだろうか。現実的にはPISAなどは，活用力をテストで数値化し，集計結果をビッグデータとすることで，国家間の競争を喚起する点などに問題があり，かなりの副作用が指摘されてきている（「シュライヒャーへの書簡」；第2章を参照）[2]。

3 教育課程とは―カリキュラムの教える側からの定義

さて，学校で教員が教えること，さらに国や地方自治体として教えてほしいことは，文書や表にまとめられている。短くは「学校教育目標」のような，各校が箇条書きし，玄関や体育館，各教室に掲げた文であり，長くは「学習指導要領」のような，文部科学省（文科省；旧文部省）による文書である。先の図1.1に加筆した図1.3のように，子どもの「なりたい自分」から組めればいいし，教科がそのための項目に活用されればいいが，現実はそうはなっていない。

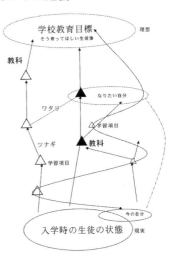

図1.3　生徒と学校教育目標との位置
出所：森崎（2003）

そうした現実の事情も含め，いよいよ教育課程という意味の2つ目のカリキュラムの意味をみていこう。

（1）教える側からの定義―計画，基準として＝教育課程

各学校は，年度のはじめ，あるいは前の年度末に「計画」を立て，図表や文で記述して，保管・届け出・活用している。その際「基準」といえるものが参照されているのだが，日本でいえば学習指導要領というナショナル・スタン

ダードであり，自治体によっては独自に地域的基準もつくる（第2章）。

これらの計画や基準を，教育課程とも言い換える。1つ定義をしてみれば，「学校において，望ましい人格の形成を促すために行う，教育的働きかけの全体計画であり，またそれに基づいて行われた教育実践の足跡」となろう。

学習指導要領には，ねらい（目標）と内容が書かれてきたが，ふつうは方法を含まない。だが近年は，方法にかかわること（主体的・対話的で深い学び，習得-活用-探究など）も含まれており，踏み込みすぎと問題化してきた（第2章）。

これらの基準と計画との意味の教育課程を，それぞれカリキュラム基準，カリキュラム計画と呼び分けておく（前者は「意図された（intended）カリキュラム」（IEA：国際教育到達度評価学会）であり，後者は「実施された（implemented）カリキュラム」（IEA）の半面（残りの半面はカリキュラム実践）にあたる）。

（2）カリキュラムの実践，経験の相—そして5つの相

冒頭にみたように，カリキュラムという用語じたいは第一に，子どもの学習経験の総体，学びの履歴という意味をもつ。だが，制度といえる「カリキュラム基準」も参考にしつつ，学校や教師が主体でつくった「カリキュラム計画」が，子どもの経験，すなわち内面や身体のうちに実現される（カリキュラムの第一の意味）までには，時間的・空間的な距離がある。そこでまず，計画と経験との間をつなぐものを，「カリキュラム実践」と捉えてみる（これこそ「実施されたカリキュラム」（IEA）であり，内容としてのカリキュラムともいえる）。

また，以上すべての結果として，教える側が蓄積していく経験を（教師の）「カリキュラム経験」ととらえておきたい。

以上をもとに，あくまで子ども側の学びの経験という意味の「カリキュラム」を起点として，5つのカリキュラムの意味を構造的に捉えてみよう。まず，子どもの学びという意味の「カリキュラム」を支えるか，または生み出すために，学校や学級の「カリキュラム計画」が組まれ（第3，4，5章），その計画を実際に実現していって（「カリキュラム実践」；第5章），各時点で「カリキュラム基準」（第2章）が参照されつつ，以上すべてを内面化しての「（教師の）

カリキュラム経験」(終章) がしだいに編まれ,そのときどきで「(子どもの経験としての) カリキュラム」が更新されていくのである。以上の5つの相を,カリキュラムの全体像として整理してみる。(図1.4)

カリキュラムの5相＝基準－計画－実践－経験(教師の) →子どもの経験
　↳子どもの経験の総体　↳教育課程　　↳ワークキャリア

改めて,カリキュラムは誰がつくるのか。理論から (第2,3,4章),実践から (第5章),また歴史から (第8章) とみていくが,図1.4のように,学習指導要領ほかカリキュラム基準という段階は,現状では文科省や各教委が作成するものである。だが,カリキュラム計画へと進んでいくと,あくまで現場の教師個々人と同僚たちが主体となる。公立か私学かや,自治体によりその主体度は異なっており,ここに学習指導要領の法的拘束性の問題性と,子どもと生きる現場こそ主体とする自主編成との対立がからむ (第2,4章,巻末付録参照)。だが少なくとも,学校でつくった計画ならば,実態に応じてアレンジ (追加・修正・削除など) を加える余地が空いており,責任も伴うはずなのだ。

とはいえ,さらに本章では,大人の前に子どもの学び自身がカリキュラムの主役であると考えた—カリキュラムの片側の意味がここにあるし,「生きられた (lived)」カリキュラム,「達成された (attained) カリキュラム」(IEA) といわれるものも,子どもの学びの経験である—。この子ども一人ひとりの学び・人生を支援・援助することが,逆に教育といえる。そうした子ども中心的な発想の元祖が,国内外の新教育とい

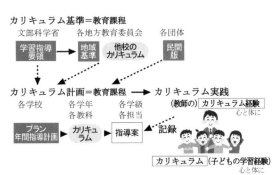

図1.4　カリキュラムの5つの相　本書のもくじは,これらのカリキュラムの相を順に採り上げる形で構成されている
出所：著者作成

う系譜（第8章）である。日本の文部省さえ1990年代以降，「生きる力」などとして，似た考えに移ってきた。とはいえ，主体性や問題解決力を強制しはじめたことになったのは最大の矛盾（アポリア）である。学校教員に主体性などが保障されていないかぎり，言葉では主体性を求めながらも，現実の授業は方向づけられているというダブルバインドに陥ってしまうのだ。

　他方で，2017・2018年版学習指導要領に，カリキュラム・マネジメント（第3章）という新課題が加わった。その要素は次の4点なのだが，5相のどこに影響を与えるだろうか。各学校や各教員が主体とならないかぎり，忖度(そんたく)でしかなくなる。

・実態把握からの目標設定（第3章）。そして横断的カリキュラム（第6章）
・カリキュラムの評価（第3章）
・学校などの体制（第3章，その実例は第5章）
・管理職によるリーダーシップ（第3，5章）

各担任，担当が各授業や各学級でやりたいことをやっていくのを学校内外で支えることが基本となるべきである。加えて，学年団や学校全体で調整をしたり，また卒業までの6年間や3年間で内容を補ったりするのである。

（3）「形式化」（固定化）―疎外の問題と教育らしさ

　ただ現実的には，各校におけるカリキュラムの図表は，担任や教科担当の多くの先生方は目にしない。前年度の末に，校長のもとで教務主任や研究主任ほか一部の管理職のみが作成する。例年どおりや，教科書会社が示したものを少し手直ししただけにもなる。

　加えて近年，行政側は，教員を実施層と位置づけている。公務員，役人といった政治や法律の面での職務が強調され，サラリーマン，サービス業，経営，営業，業績といった経済的なたとえも使われて，定着してもきた。

　だが政治・経済でいわれることを，淡々と実施していく程度が教育なのか。それで，基準（学習指導要領など）が政治・経済の事情でつくられたり，各校での計画（単元計画，学習指導案など）に押しつけられたりする。授業してみる

と，子どもが拒否し身につかないなどうまく進まなくとも，計画どおりに実践させられる。教師や子どもの経験の側にひずみがきても，忖度ややらせ，落ちこぼしがでる。こうなると，教育の計画や実践は一面的なものへと変質し，本来の姿から「疎外」される（システムによる「形式化」—金馬　2007；または固定化—海後宗臣他　1950；合理化—M・ウェーバー；物象化—K・マルクス）。

　すでに「固定化」とは明治以降，戦後初期にも，教育方法・教授学にみられた現象だった。近年でいうと，各学校や教育委員会がきまりを羅列しすべての学級で徹底させる「スタンダード」も，マニュアルやフォーマット，パターンなども「形式化」するとこわい。究極は，きまりと違えば言い訳もきかずに処分するとのアメリカ由来の「ゼロトレランス」（不寛容）だろう（横湯他2017）。

　だが，文科省がカリキュラム・マネジメントをいう時代に変わったことで，政策的には，担任や教科担当もまた，カリキュラム編成の主体たれと求められはじめたはずである。望ましい職場は，教員個々人が裁量をもって自主的・主体的に動き，ほう・れん・そう（報告・連絡・相談）をしっかりしつつ，カリキュラムを創造的に，できれば内外と連携・共同して編成・実践し，校長は助言・調整し最終決裁を下すのみといったイメージになろう。スクール・ベイスド・カリキュラムということで，カリキュラムの図や表を教師集団が皆で検討するような会議やワークショップが増えてきた（第3章）。皆さんも校長などの管理職や研究主任（30歳代からできる）になれば，自分が理想とする学校づくりにチャレンジできるが，併せて同僚どうしで討議する意義と手法を習得しておけばよい。

　本書では，実際のケースとして，私立の困難な高校を選び，元校長という当事者による実践記録を掲載した（第5章）。その総合学習はNHKで特集されて話題となったが，その発想と背景を考える道具も示していく（第6章）。また，本書ではとくに歴史を重視する。未来を見通すためには，現在だけでなく，過去からの連続性を知るべきだからだ。第8章がまさに歴史の章だが，じつは第2，3，4章も，必要なかぎりで戦後日本や近代西洋の歴史に多めにふれている。第5章は1つの学校史の例でもある。

(4) 教師の経験と，結果としてのかくれたカリキュラム

前述のように，計画としてのカリキュラム（プラン）とは，教える側がこれから実践に移そうとする理想をあらかじめ膨らませ，基準も手がかりとしながら，他者と共有するために表や図に「見える化」した，教育や学習のいわば「デザイン」といえる。

カリキュラムづくり（カリキュラムデザイン，単元習作などともいう）は各教師にとっての経験となり，生涯にわたって蓄積されることで，カリキュラム構成力の面で成長していける。これをカリキュラム経験と呼んでおく（終章）。教育行政でも意図されて，各教育委員会が大学と相談しつつ教員が経験を積む機会と指標を計画する時代となった（教員育成指標）。自治体によっては，カリキュラムを構成する力を，初任のうちから求めたり求めなかったりする。

だが，カリキュラムはどんなに事前に「形式的」に計画はしても，いわば生き物かのようにかなり変わる。現実的には，計画どおりに実践に移せず，まったく実践されないことさえある。しかも子どもの経験からみると，その一部始終は教師や学校に認識され尽くされない。子ども自身が意識もしないで学んでしまう経験もある。経験のうちに想定外で刻まれる何かは案外多い（かくれたカリキュラム・潜在的カリキュラム：第7章）。図1.4の5つの相というのは，スムーズにつながるわけではない。だが，だからこそおもしろい。

以上のように子どもも教師も，それぞれの人生を，マイ＝カリキュラムでみたように，「なりたい自分」に向けていき，学習したいことを発見し，プロセスをつないだり，わたったりしながら，コース＝カリキュラムといえるものを構成していくのである。カリキュラムの語源をラテン語までさかのぼると，そもそも走路・道程，競走場などを意味しており，人生の行路や生涯へと読み替えられる言葉なのである（山崎編　2018：21）。

4　教育の根本課題——二項対立から総合へ

ここまで述べてきたように，基準，計画，実践，経験の間にズレが生じ，数々の問題（「形式化」など）が引き起こされる。だが，そのズレのうちにこそ，

今目の前にないことを「理想」として描き出し，また計画した以上の新たな「現実」を実際に生み出す余地が開いている。ズレ，いわば対立や矛盾は，新しい何かが出てきたり，新たに生み出したりする可能性をはらんでいるのだ（弁証法の考え方）。

　今まで理想の教育観といってきたが，学生同士でレポート交流でもしてみれば，互いに違うとすぐにわかるし，学者によってもまったく異なる。教育界で，しばしば対立，論争が起こる理由もこの違いやすさ（ダイバーシティー）にある。現実に妥協させられる場合もあるものの，教育史（第8章）をみればわかるように，鋭く対立したほうが新しい考えが生まれるだろう。教育史とは，さまざまな「対立の解決」を図る問題解決の歴史といった学者もいる（梅根悟 1947）。

　自分なりの理想像ができてくるならば，カリキュラムをめぐる論争を学んだときにも，自分の考えで「選択」ができる。学習や学問とは，対立のうちから支持できる片側を選び出し，自分なりの価値観へとつくり変えていくことといえる。中立性はほぼありえない。さまざまな論を学ぶなかで選択することをくり返し，組み合わせをして新しい論へと組み換えることで観や像が鍛えられていく。

(1) 階段型（系統学習）対登山型（問題解決学習）
　そういう考えのもとで本書では，じつにさまざまな対立，論争をみていくが（第2，4，8章など），まずは図1.5でおおまかなイメージを描いておこう。
　階段型と登山型とは，系統学習と問題解決学習との対立にも重ねられる。まず階段型とは，階段を一段一段踏みしめさせるかのように，1つひとつの知識や技能を丁寧に教え・習得させていくタイプである。とくに系統学習という場合，教える側が，各教科で教えるべき内容（科学，文化）をきちんと押さえ，系統性といわれる論理の筋を追って順序よく教えていくべきとする論である。
　階段はじつは，教える側が目標に向かって人工的に仕掛けるものだ。1つの同じ目標に，全員を向かわせるためには効率的・合理的でよい。一目散に脇目

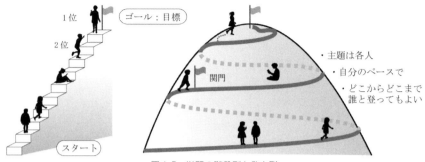

図1.5 学習の階段型と登山型
出所:佐藤学(2000)をもとに筆者作成

もふらずに登らせるべきだが,全員を同じペースで進ませるには技術が要り,遅れる子やいわゆる「落ちこぼれ」,落第や退学が発生し,その対処法が研究される。階段の途中で立ち止まらせてはいけないし,おどり場などから下の景色を眺める人は邪魔なだけなのだ(のちにみる登山とはこの点が違う)。

つまり,系統学習で大事なことは,全員が「よくわかる」一斉教授中心の授業づくりとなり,誰が遅れているかを早期に発見し,復習・補習させるための評価とテストづくりとなってくる。こうなると良くも悪くも順位がつくし,比べることや賞罰,つまり競争が手段として使われるわけだ。

他方の登山型とは,問題解決学習に似たものといえる。山を登るとはいっても,どこからどこまで登るかを,個人やチームが(家族または友人などがよく相談しあって)決める場合である。車で何合目かまで行こうと,途中で電車やロープウェーなどを使おうと,人からいわれる筋合いはない。目標(主題)は自分で決めるからで,途中で何度も何分間でも休んでもいい。問題解決学習のように,自分(たち)が立てた問題・課題(主題)に即して,自分(たち)なりのペースで好きなように,「自由に」進んでいけばいいわけだ。解決もどこまで果たすかは自分で決める。場合によってはチームから離れ,単独行動をする子がいてもかまわない。正解はないというより各人が決めてよく,いわば最適解,または各人の納得解ということでいいのだ。もちろん皆で協力しゆっくり登ってもよい。さらに,ピクニックにもたとえられよう。

登山型では「落ちこぼれ」が出ないようにみえる。だが，学校行事の登山となれば別かもしれず，全員が山頂をめざす，何時までに登り切ると決められた場合は，階段型にかなり似る。本人も気づかないまま，多くがゴールした時点で落ちこぼれとみなされる。一時の迷いや寄り道はいいにせよ，さすがに迷子や遭難はまずい。最終目標を誰がどこまで決めるか自体が決定的なのだ。

　なお，両方の型を合わせたような発想もあろう（後述）。実際，山道の一部のみ，登りにくそうな坂が階段のように整備されていたりするイメージだ。

（2）さまざまな対立軸―学習指導と生活指導など，そして学習指導要領

　続いて，もっとさまざまな対立についてみていこう。

　学校の機能は，学習指導（陶冶）と生活指導（生徒指導）（訓育）の2つに大別できる。これら2つはどの先生も実践しているものだが，前者＝授業が最重要という人と，後者が好きという人（生活指導教師ともいわれる）がいる。

　生活指導とは，学校行事，学級活動・ホームルーム（HR）活動，児童会・生徒会活動など（特別活動），そして部活動である。

　あくまで重点のおき方に違いがあって，現場教師や研究者の全国的な研究団体なども別々にある（第4，8章，終章）。

　ほかにも，同じ陶冶のうちでも，実質陶冶と形式陶冶という対もある。前者は単に知識などの個々の内容自体を教えることだが，後者はむしろ教わることで得られる価値，態度，精神的な諸能力などに注目した場合である（かくれたカリキュラム（第7章）にもつながってくる）。

　そのほか，以上に絡むさまざまな対立を，学力に注目しつつ表1.1に示してみよう。いくつか拾えば，実体的な学力対機能的学力，見える学力対見えない学力，知識対問題解決能力，習得対探究，習得対体験・活動，各教科対総合，各教科対特別活動など，たくさんの対立軸が絡み合い，論争もされてきたのが教育界なのだ。これらの軸の片方について，どちらかを大事と決めた人が，他方を軽視したり批判したりしてきたのである。

　こうした対立・論争は，国内外の教育史上（第8章）や，学習指導要領など

表1.1 学力・教育をめぐるさまざまな二項対立の構造

学力	狭義の学力		広義の学力	
学力の性質	実体的	機能的（働き，作用として）		学力なのか？
測りやすさ	測りやすい	→測りにくい	→	点数化できない
見えやすさ	見える	→ （見えにくい） →		見えない
学力の種類 評価の観点 （人格特性）	知識・理解 技能	生きる力（自ら学び考える力から，健康・体力まで）／価値観／感性・情意		
		活用力（思考力，判断力，表現力）		
	読・書の力 計算力 （3 R's）	技能（スキル）・学び方	問題解決能力／創造力…	生活力・実践力…
		言語力／社会性／コミュニケーション能力／対人関係能力…		社会参画力…
	関心・意欲・態度…道徳性・倫理観／規範性／責任感…意志／自立性・主体性／自己○○力／アイディンティティ／生き方…			
学習の形態	習得	活用	探究	体験・活動
主に担うカリキュラム領域	各教科 ／	総合的な学習の時間 ／		特別活動
	道徳			部活動
機能	学習指導（授業など）	生活指導		／（生徒指導）
知の種類	内容知	方法知	／	暗黙知
筆者の説	実体的知識・技能	活用（のための）スキル	学習内活用力（学習力・探究力）	社会的活用力（実践力）

（注）▢…PISAのいうコンピテンシー（能力）の範囲
出所：金馬（2014）57頁

にも生じ，振り子のように揺れ動いてきた（図1.6；詳しくは第2，3，8章他）。

■対立した二項の総合，カリキュラム，学力モデルなどのひとまとまりの図

　こうした対立状況に対し，バランスをとろうとの提案もあるが，2つの項が半々になればいいわけでもない。重要なのは二項の絡み方のほうである。

　階段型対登山型などをあげた際，1つの教師やその担任クラス，具体的な単元などをみていくと，両立できるし，実際そうだと思った人もいるだろう。子どもどうしが協力しあえる学級をめざす担任も，他方で個々人にドリルをやらせ，テストや通知表で評価をし，結果として競争させている。切磋琢磨なら弱

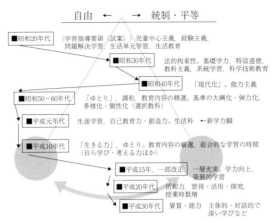

図1.6 学習指導要領の改訂をめぐる振り子
出所：金馬（2014）57頁

肉強食とは違う。実際は対立し合う二項も両方を，担任や教科担当として，また学校全体としては１つに総合し，ひとまとまりのカリキュラムとして進めている。

　近年の学習指導要領も，総合的な学習の時間というカリキュラム統合の核をもちながら，教科および領域による細分化されたカリキュラムももつ並立型カリキュラムとなっている。

　とくに今改訂では，二項どころか三項の対立が含まれる。教科（その内容）と活動（または経験）と能力（および資質，かつての学力）のトリレンマと呼べ，どれかを立てるとほかが立たない，だが，どうにかしてどれも立てないと崩れてしまうという三つ足の鼎立構造になってしまい，課題が増えた（金馬　2016）。

　戦後を通じていくつも提案されてきた学力モデルも総合的だ。さまざまな対立要素が多層的に１つの図のなかに集約されている。重要と考えられる要素を，中心や基底などに据え，ほかの要素もそれに並べて位置づけたものとなっている（図1.7）。

　なお，対立するあらゆる要素を総合しようとしたものがコア・カリキュラムである（第4，6，8章）。学力の広岡モデルにも影響したといわれる。

第1章　カリキュラムの主体　17

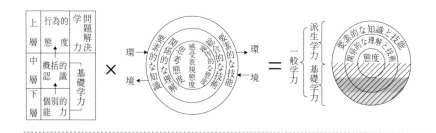

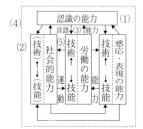

(1) 認識の能力は他の3つに対して，特殊な位置に立つことを示したつもりである。
(2) 社会的能力を技術・技能とするのは，多分に比喩的である。それでカッコに入れた。
(3) 矢印は相互に影響しあい，浸透しあっていることを示す。
(4) 点線の囲みは，全体が体制化していることを示す。
(5) 言語能力・運動能力は全体制を支える。

図1.7 さまざまな学力モデルの図　上段：広岡亮蔵モデル／下段：勝田守一モデル

（3）学生，初任者として，理想像を書く

　理想像を書いて（描いて）みよう。学生や初任者だからこそ，自分の「つくりたい」カリキュラム（計画）を自由にイメージし，書いて（描いて）みよう。こういわれてワクワクするか，または面倒に思うのか（教員採用試験の提出書類に，白紙に理想の教育を自由に描かせる自治体も多い）。

　自分を語り，書いて綴ること（自分史），ストーリー化すること（物語知）をやってみよう。マイ＝カリキュラムに示したような自分の理想，あこがれの人をめぐる経験から出発するか，または自分の生育歴，学校経験や，日常生活もふりかえってみると，一言，二言が書けてこないだろうか。理想に反する反面教師の方が思い浮かんだなら，その逆をイメージすれば書けてくる。文章として表現するのがむずかしいなら，さまざまなツール（ワークシートほか）が使える（ライフヒストリーまんだらなど：コラム②）。

　いつでもいいので，書けるかぎりで，いつでも書き加えながら書く。そうすると，人生の要素や軸になっていた価値観，いわば理想の部品が発見できる。

あとになって変わってもよく，柔軟でいい。今まで理想をもってきたか，どう変わってきたか，または新たにみえてきたか，今のところはどう思っているか，といったプロセスのほうが大事である。まだ考え途中でよく，そんな不安定な自分が教師になってよいのかと悩む学生もいるが，今は大丈夫。教師になっても考え，学び続けるのだから。

　なお，自分の振り返りは出発点になるが，自分が経験した範囲に凝り固まり，視野が狭くなる危険もある。だからこそ，書いたレポート案などを交流しよう。旧友や恩師と再会して語り合えると，客観的・間主観的な視点がえられる。また，関わっていなかった同時代や昔の子どもや人々のことも調べよう。そのためにこそ本を読んだり講演やシンポジウムを聴きに行ったりしよう。

　日本には現場教師の自主的な研究団体が多くある。すべての教科・領域ごとに40以上ある民間教育研究団体の全国集会や地域サークル，または公開授業（公開研究会，研究発表会など）やそれとセットの教科別の研究組織（教育委員会も関わる）など（金馬　2017）を調べて参加してみよう。

　本書の各章は，理想の教育をイメージし，授業や学級・学校を描くために活用できる情報と視点を存分に提供しようと書かれ，編集されている。必要な章から拾って読み進めていき，最終的には全体的に読めている，いつかは全部を通読して読んだ部分をつないでいくという読み方をすすめたい。

（4）学習指導要領をどう扱うか
　学習指導要領を読んでみると，抽象的な用語や概念が目立つだろう（第2章）。本書にはむずかしい内容や文章もあるが，何度も印をつけてイメージをふくらませ想像力を鍛えながら読むことで「抽象能力」が高まれば，これらの指導要領用語もイメージ豊かに定義し直せるようになる。学校の現実を生み出す計画（年間指導計画や学習指導案も含む）を事前に表現し，また事後に振り返る際に使いこなす道具として，存分に活用し，言い換えたりできるようになろう（第3章）。

　やはり大事なのは，「こうしたい」という理想だ。学習指導要領に載る抽象

的な用語を，自分の学校経験や，子どもや現場の実態に即して読み替え，それをコアに活用し尽くし，別の定義や内実を注入していく。これからやりたい実践を，指導要領用語で説明できれば，管理職や同僚，保護者を説得できる。

　要は，"学習指導要領体制"（梅原　2018）というべきシステムにからめ捕られたり，その「システムの奴隷」になったりしてはいけない。そのためにも，本書も手がかりにして，戦後日本の現場と教育学から，先輩教師の経験の蓄積，遺産を発見し，それらのうちからレバレッジポイント（大きなものをも動かすテコの作用点になるもの）を探し出してみよう。

深い学びのための課題

1. 自分の理想の教育（授業，学級，学校，教師）を，まずイメージとして思い描こう。まずは自分用のメモでよく，短文や絵・イラスト，図や表などでよい（さらに本書・本科目の最後に向けて，本書にある情報や知見を活用して肉付けしていき，他者と交流したりする過程で，最終的にはレポートなどの作品に仕上げていこう）。
2. それに向けたツールとして，以下のコラム①②にあるワークをしてみるか，マイ＝カリキュラムや自分史（書式は自由）を書いてみよう。

注）
1）たとえば，入試や全国学力・学習状況調査は子ども個人のためでなく，国・自治体・学校の統計データづくりやそれらの順位・名誉のため，というのが政治システムの現実であろう（第2，8章）。このように，どれかの社会像へと結果的に陥ってしまいかねないからこそ，児童中心主義のように，子ども（たち）に任せきりにしないほうがよい（ともすると，自己責任論＝新自由主義（第2章）に引きずり込まれる）。
2）すでにPISAの成績でいえば日本はよい（2015年からの協同的問題解決能力も含めて）。学校現場は全国学力・学習状況調査などでたきつけられているが，さらに上をめざす必要はあるのだろうか。点数よりも質，つまり学力の水準，格差，構造，そして学習意欲のほうが問題とされるべきといわれる（田中耕治）。指示されなくても「自ら」学ぼうとする力，さまざまな友人どうしが話し合い，ともに活動しあって，質の高い能力を高めていく力などが，ほかの国に比べても弱いといえないか。成人版のPISA（PIAAC）も世界一となってきたが，問題は残る。テストはできても，日常生活や仕事に生かさなければ意味がない（「テスト収斂システム」批判；コラム③）。

引用・参照文献
イリッチ，イヴァン／東洋・小澤周三訳（1977）『脱学校の社会』東京創元社
梅根悟（1947）『新教育への道』誠文堂新光社。改訂新版（1951）は『梅根悟教育著作集』第2巻，明治図書（1977）に収録

梅原利夫（2018）『新学習指導要領を主体的につかむ――その構図とのりこえる道』新日本出版社
海後宗臣・東大カリキュラム研究会編（1950）『日本カリキュラムの検討』明治図書
金馬国晴（2014）「さまざまな教育調査と学習指導要領」広石英記編著『教育方法論』一芸社
――（2016）「教科・活動・能力のトリレンマ――能力表・要素表と北条小学校を中心に」日本教育方法学会紀要『教育方法学研究』第41巻
――（2017）「『テスト収斂システム』という仮説――テスト，受験，学力テストの分析」横浜国立大学大学院教育学研究科『教育デザイン研究』第8巻，23-32頁
――（2017）「自主的研究団体による研修」日本教師教育学会編『教師教育研究ハンドブック』学文社
佐藤学（2000）『授業を変える――学校が変わる』小学館
遠山啓（1976）『競争原理を超えて――ひとりひとりを生かす教育』太郎次郎社
森崎友朗（2003）「教育課程づくりの構造と再編成過程」〈特集 教育課程のルネサンス〉『民主教育研究所年報』第4号
山﨑準二編（2018）『教育課程 第二版』学文社
横湯園子・世取山洋介・鈴木大裕編（2017）『「ゼロトレランス」で学校はどうなる』花伝社
渡辺治（1999）『企業社会・日本はどこへ行くのか――「再編」の時代・日本の社会分析』教育史料出版会

■コラム①　学習動機の2要因モデル

学習動機は，ふつう外発的，内発的の二分法で考えられてきた。だが，もっと複雑なものなので，内発・外発という従来の軸を，「学習の功利性」と「学習内容の重要性」という新たな二軸で分けてみる。すると，学習目的と学習内容の関連性が高い「内容関与的動機（充実・訓練・実用）」とその関連性が低い「内容分離的動機（関係・自尊・報酬）」とに改めてとらえ直せる。図①．1でいう上3つと下3つのことで，それぞれの志向を説明しよう（市川伸一による）。

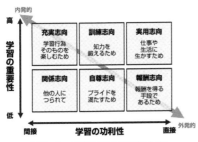

図①．1　学習動機の2要因モデル
出所：https://www.insightnow.jp/article/127
（2018年9月19日最終閲覧）

① 充実志向（重要性：大，功利性：小）
　学ぶこと自体が楽しくて仕方ない，充実を感じるという動機。
② 訓練志向（重要性：大，功利性：中）
　できるようになりたい，鍛えること自体がおもしろい，という動機。
③ 実用志向（重要性：大，功利性：大）
　仕事や生活に役立つからとの動機。海外留学前の英語，大学の教職課程他
④ 関係志向（重要性：小，功利性：小）
　内容より周囲との関係性を重視する動機。「みんながやってるから」
⑤ 自尊志向（重要性：小，功利性：中）
　プライドや競争心からくる動機。「優越感を感じたい」「負けたくない」
⑥ 報酬志向（重要性：小，功利性：大）
　外からの物質的報酬を意識した動機。「良い成績をとれば小遣いがもらえる」，シール，スタンプもか
※「褒められたい」はどれにあたるだろうか？
http://berd.benesse.jp/berd/center/open/kou/view21/2004/04/01toku_05.html

内容分離的な④⑤⑥が低い・悪いわけではない。幼稚園・保育園から，小学，中学，高校，大学で，それぞれ自分の学びの動機がどこに近いかを書き込んで，矢印でつないでみよう。そうすると，これらの間を行ったり来たりしており，人によってまったく違うことがわかる。学校の授業面とは違う，部活動，そして塾や予備校，さらにはスポーツや音楽などの習い事も加えると，枝分かれして書けるだろう。

どこかに偏っている，散らばりすぎなどの違いがあろうが，それだけに，互いに比較してみると自分の特徴やこだわりがみえてくる。この図とワークをもとにして，自分がめざす理想の教育の方向性やそのコアのようなものが，よい意味の「こだわり」としてみえてくる。あこがれの人がいたことも発見できるだろう（図1.1）。

■コラム② ライフヒストリーまんだら

ライフヒストリーまんだらは，自分の生きてきた道や問題・関心を「見える化」する。

それまでの人生の起伏や流れについて，生きてきたなかで印象に残っている出来事や想いを，4つの象限に分けた同心円に書き込んでみて（○○期などと名づけて四角枠に書くとよい），中心の円のところに「自分の人生のキーワード」を書く。自分の人生の物語を，一枚の紙に書き込むことで一目で俯瞰でき，振り返りが深められる（大学の講義や宿題でやる場合は，書きたくないことは書かなくてもよい。むしろ自分のために書いてみるのがいいし，教員採

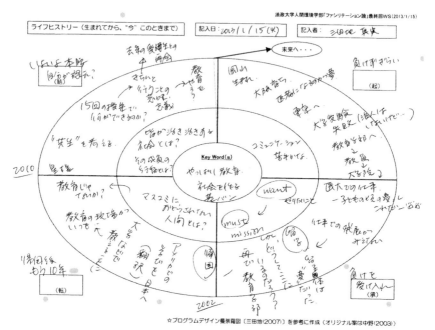

図②.1 ライフヒストリーまんだらの例

用試験などの書類の準備にもなる)。

　自分の人生のこれまでを静かに振り返り，自分の人生のキーワードが何かを改めて考える。さらにこれを見せ合いながら他者の話を聴いた場合，目の前の人にもそれまでの固有の物語があることを改めて知り，今後人と出会い話をするときに，現在の状況をその人の視点で見直すこともできるようになろう。

　（以上，三田地真実（2013）「『ライフヒストリー曼荼羅ワークショップ』の理論基盤構築に向けて本ワークショップにおける『ライフヒストリー』の意味とツールとしての『曼荼羅図』」『共生科学研究：星槎大学紀要』9巻などより。図②.1の出所も同じ）

　ほかにも，市民講座でもはやっている自分史（歴史学者・色川大吉らが提唱した）や自分史年表，システム思考（第3章）の1つのツールとしての時系列変化パターングラフなどがある。探し出して使ってみよう。

■コラム③　「テスト収斂システム」という仮説

　テストやレポートを「傾向と対策」だけ乗り切り，終わったら忘れていいのか？日本の子どもたちがテストに向かう姿勢には，学力の剥落，浅漬け，最大瞬間学力といった問題があり，大人たちが総出で協力する「総動員」体制にもたとえられる。テストのために勉強する，とはコラム①でみた6つの学習動機（市川伸一）のどれにあてはまるのだろうか。

　まるで子どもがテスト回答マシーン扱いで，記憶装置でさえない。「テスト収斂システム」（収斂は，収束，集約とも言い換え可）は，点数や単位，評定を与えられるから勉強をさせる・させられるにすぎないシステム（金馬　2017）といえる。このシステムが緩まらなければ，2017・2018年版学習指導要領やどんな教育改革もまったく無にならないか。

第 2 章
学習指導要領とその意味転換

　学校教師が指導を行うには教育課程編成の見通しが必要である。その編成作業は，国・大学などの研究機関・自治体や地域（教育委員会や保護者住民）・学校・クラスの子どもたちなど，レベルの異なる体制や集団との関係性の下におかれる。

　そのうち国レベルの教育課程「基準」が学習指導要領と呼ばれるものである。その「基準」としての学習指導要領の意味と位置づけがどう変化し今に至るのか。本章では，ほぼ10年ごとに改訂されてきた学習指導要領の変遷から現段階までの学習指導要領の意味転換を考察し，本来のあるべき教育課程編成のあり方を模索するための一助としたい。

1 学習指導要領変遷にみる段階区分

　歴史的な経験知から学ぶために，最初に新学習指導要領に至るまでの国レベルの展開を4段階に区分しておく（表2.1，図1.6参照）。

（1）第1段階「試案」としての学習指導要領と教科書検定制度

　「義務教育」の義務（compulsory）は，かつて国家による「強制」の意味合いが強かった。今は子どもの教育権（学習権）を保障する義務が国家にある。その「強制」としてでない教育内容の編成と教育実践プロセスは学校現場でどう確保できるのか，子どもの居場所や教職の専門（職）性がどう保持されるのかが課題となる。

　第二次世界大戦後，憲法・(旧)教育基本法（巻末資料）が定められた時期の1947年版学習指導要領一般編や1951年版学習指導要領が「試案」としての性

表2.1 学習指導要領の展開区分の年表

第1段階	憲法・教基法体制の成立と試案としての学習指導要領
1947年	日本国憲法施行（公布は前年），（旧）教育基本法の公布・施行，学校教育法の公布・施行
1947年	学習指導要領（試案）
第2段階	試案から告示（法的拘束力）へ
1958年	同要領改訂（小中）⇒高校1960年
1968年	同要領改訂（小中）⇒高校1970年，1977年 同要領改訂（小中）⇒高校1978年
第3段階	ゆとりの進行と学力向上への回帰
1989年	同要領改訂（小中高）
1998年	同要領改訂（小中）⇒高校1999年，2001年指導要録改訂（目標に準拠した評価）
2003年	同要領補足改訂⇔2003年文科省「学力向上アクションプラン」
第4段階	学力テスト体制の確立とコンピテンシーベースの学習指導要領へ
2006年	教育基本法改正，2007年 学校教育法改正，教育職員免許法改正，教育公務員特例法改正，地教行法（「地方教育行政の組織及び運営に関する法律」）改正⇒2008年 同要領改訂（小中高が同時に）
2017年	同要領改訂（小中）⇒小の実施年は2020年，中は2021年 　　　　　　　　　　⇒道徳（教科化）は小2018年，中2019年の先行実施
2018年	同要領改訂（高）⇒高校の実施年は2023年から学年進行で

格を明示したことは今なお振り返る意義が大きい。1950年文部省「学校の教育課程及び編成の基準に関する法律案（第一次試案）」では，都道府県教育委員会や市町村教育委員会が「学校」の教育課程編成に対し「命令的」であってはならないとしている。

こうした国家レベルの政策文書でも試案としての学習指導要領は「教員を助ける意味のもの」と位置づけた様子がうかがえる。教育課程行政では一般行政の「指揮・命令」と異なる「指導・助言」（当時の文部省設置法，現在の文部科学省設置法）の言葉が使われるが，この第二次世界大戦後初期の「命令によらない」考え方の反映もあろう。

ところで，教育内容は教科書などの「教材」で示される（教科書の発行に関する臨時措置法第2条で「教育課程の構成に応じて組織排列された教科の主たる教材」と規定）。その教科書制度は戦前の小学校の国定制度が廃止されたあと，

1947年学校教育法では第21条「小学校においては，監督庁の検定若しくは認可を経た教科用図書又は監督庁において著作権を有する教科用図書を使用しなければならない」（中高も準用）とされた。世界の教科書制度は自由発行自由採択から国定まで多様だが，戦後の日本は民間の発行で国が検定し，合格したものが採択される新たなシステムに移行している。

（2）第2段階の学習指導要領改訂による法的拘束力と教科書裁判

その後，教科書検定を規定する学校教育法の1953年改正で権限をもつ「監督庁」の規定が文部大臣に書き換えられた。そこで大臣による検定権限の下で，使用される教科書は検定教科書と文部省著作教科書の2種類となる。学習指導要領は1958年改訂から「試案」としての性格づけは変化し，「告示」形式で法的拘束力を有するとされた。

この第2段階以降，教科書検定基準としての学習指導要領への準拠性はいっそう強まった。家永らが教科書検定は「表現の自由」に抵触する検閲相当の憲法違反とした教科書裁判は1965年第一次訴訟に始まり，第3次訴訟は1997年まで続いた（第2次訴訟一審の1970年杉本判決では検閲にあたる旨の家永側の勝訴）。

この第2段階における1958年版学習指導要領（小中）は，道徳に時間の創設などの「道徳教育の徹底」や「基礎学力の充実および科学技術教育の向上を図る」（教育課程審議会答申）など，従来の経験主義的な教育課程から教育内容（教科）の系統性重視へと変化させる大きな転換期となった。

その後，1961年には中学3年の全員を対象とする全国一斉学力テストが行われたが，対策に追われる混乱と批判の高まりで中止に至った。教育裁判も頻発しており，1976年旭川学テ最高裁判決は国の教育内容統制に関して「強制するようなことは憲法26条，13条の規定からも許されない」と一定の制約を国側に課した。この判決は今なお振り返るべき内容行政の到達点となっている。

1960年代の高度経済成長期は高校への就学が高まり，1970年代半ばに進学率が9割を超えるまでに，中等教育の大衆化が進んだ。いっぽう，学習指導要

領の系統主義に基づいた内容習得の圧力や歪み，あるいは受験戦争や生存競争なども激化し，学習指導要領への批判も強まった。自治体によっては相対評価とは異なる内容習得度を測るための「到達度評価」につなげた教育課程編成を志向する 1970 年代半ばの新たな動きもある。

（3）第 3 段階の「新しい学力観」への転換と学力向上への回帰

1980 年代になると，教育の自由選択を唱道する経済界の動きが目立つようになる。そこで 1989 年版学習指導要領や 1991 年版指導要録における「ゆとり路線」と「新しい学力観」への転換を図り，先の内容習得の重視（到達度評価）とは逆の「関心・意欲・態度」を重視する絶対評価方式へと移行していく（コラム④）。

1989 年版学習指導要領に連動する「指導要録」改訂（1991 年）によって，その態度主義評定による新たな教育紛争も生まれた。大戦後以来の相対評価は長きにわたる批判のターゲットとなってきたが，今度は主観的な「関心・意欲・態度」の「絶対評価」で高校受験の内申書（調査書）が記入されるという評定の恣意性がいっそう問題視されるようになったのである。

その後の 1998 年版学習指導要領も「ゆとり」路線をいっそう深めたが（「総合的な学習の時間」），しかしその「ゆとり」自体は長続きしなかった。2003 年になると，文科省は突如「学力向上アクションプラン」を掲げはじめ，教育界を驚かせる。この変化は，受験学力から「ゆとり」へ，そして今度はその「ゆとり」から再び学力テスト主義へと回帰をめざす振り子となる。従来の教科ごとの観点別評価に加え，「関心・意欲・態度」評価の問題性を残したまま，「目標に準拠した評価」に転換した（2001 年改訂指導要録）。現場の評定記入にはいっそうの負荷がかけられはじめたことも重大である。

この学力競争への回帰の背景には，2000 年に始まる経済協力開発機構（OECD）のピザ（PISA）調査（2000 年～）の結果に基づく「ピザ・ショック」（とくに日本やドイツにて）がある。その後の第 1 次安倍政権による全国学力・学習状況調査（2007 年～）の重視もこの延長上にあった。

（4）2017年・2018年版学習指導要領に至るまでの第4段階

　第4段階では，教育法制を改変し，学習指導要領の装いを新たにした。第2次安倍政権以後の2006年教育基本法改正や2007年学校教育法改正や教育関連法改正をふまえた学力テスト体制の確立と今日に至る新たな政策動向は，コンピテンシー・ベースといわれる今次要領につながる源流である。今に至るその論点を次にみておく。

2　資質・能力（コンピテンシー）ベースの2017・2018年版学習指導要領

　表2.2は，中教審答申（2016年）および改訂学習指導要領（2017・2018年版）などの基本方針と，2007年改正学校教育法第30条2項の重なりを示す。

　すなわち，小中高のいずれの学習指導要領の総則2（1）も，2007年改正学校教育法の「学力」規定が次のように繰り返された（「知識及び技能」「思考力・判断力・表現力」「主体的に学習に取り組む態度」など）。また，次の基本理念のうち追加された下線部分には，2017・2018年版学習指導要領の新しさが示されている。

　「（1）基礎的・基本的な知識及び技能を確実に習得させ，これらを活用して課題を解決するために必要な思考力，判断力，表現力等を育むとともに，主体的に学習に取り組む態度を養い，<u>個性を生かし多様な人々との協働を促す教育の充実に努めること</u>。…」

表2.2　2007年改正学校教育法第30条2項→2016年中教審答申→2017・2018年版新学習指導要領に共通する3本柱「資質・能力」

1．(学校教育法)「基礎的な知識及び技能」→（答申）「何を理解しているか，何ができる（生きて働く「知識・技能」の習得）」→（学習指導要領）知識及び技能が修得されるようにすること
2．(学校教育法)「思考力，判断力，表現力」→（答申）「理解していること・できることをどう使うか（未知の状況にも対応できる「思考力・判断力・表現力等」の育成)」→（学習指導要領）思考力，判断力，表現力を育成すること
3．(学校教育法)「主体的に学習に取り組む態度」→（答申）「どのように社会・世界と関わり，よりよい人生を送るか（学びを人生や社会に生かそうとする「学びに向かう力・人間性等」の涵養）」→（学習指導要領）学びに向かう力，人間性等を涵養すること

すなわち，2017・2018年版学習指導要領は，これまでの改正学校教育法の3本柱にただつなげただけでなく，「多様な人々との協働」の文言を加えた点に，後述する「資質・能力（コンピテンシー）」論を基礎とする改訂学習指導要領の新しさが加わったのである。本節では，この成立経緯をめぐる問題点をみておきたい。

（1）改訂スケジュールをとりまく国際社会の動向

2017・2018年版学習指導要領は，2020年（小），2021年（中），2023年（高）を起点とする先10年後（ほぼ10カ年ごとの改訂）の2030年前後を見通すものとなった。このスケジュールは国連の「持続可能な開発目標（SDGs）」の期間（2015～2030年）と重なる。「誰も置き去りにしない（no one is left behind）」をかかげるSDGsは，2015年国連総会で全会一致採択された方針である（図6.2参照）。関連事業には，ユネスコ担当の教育プロジェクト2015年インチョン宣言Education 2030などがある。いっぽうで，OECDではインチョン宣言とは異なる独自のEducation 2030を立ち上げPISA2018に向けた準備を開始した。安倍政権との政策対話で行ったOECDのコンピテンシー再定義は2017・2018年版学習指導要領にも影響している。

そもそも国連とOECDには活動の性格に違いがある。貧困・格差対策の下で「教育の質」をめざす国連SDGsに対し，OECDは経済先進国のクラブ的性格のある機関である。後者も経済活動の重視から独自の人材育成と教育改革の論議を進めており，統計調査技術レベルの高さが知られ，実際，利用価値も高い。しかし，2000年来のピザ（PISA）調査結果によるランキング圧力には弊害が多く，「生徒・教師・学校管理職などを順位づけ，レッテル貼り」などの悪影響には国際的な批判も広がった（2014年5月6日付ガーディアン紙掲載「シュライヒャーへの書簡」）。

（2）OECDのデセコ（DeSeCo）によるコンピテンシー概念

2017・2018年版学習指導要領にはOECDのPISA調査の理論的枠組みとな

るDeSeCoや欧州共同体（EU）のコンピテンシー概念の影響がある[1]。

　これらのコンピテンシー概念には，そもそも西欧における，①高度技術社会のコミュニティー維持に求められる要求，②職場の変化に対応する労働者の協働などの概念の出自に関する事情が反映している（Rychen　2003）。加えて，2017・2018年版学習指導要領のベースとなるそのコンピテンシー理解に際しては，その「新自由主義的，成果主義的」な文脈に淵源があることにも留意したい。

　また，EUの「教育と訓練2020年」計画やPISAのみならず，学習指導要領の改訂論議には次の「21世紀型スキル」などの影響が加わる。ここで教育改革に対するICTなど教育内容に関する要請がいっそう強まったのである。

（3）EUのコンピテンシーと「21世紀型スキル」

　もともとコンピテンシーの用語には厳密さがないとされる（Rychen　2003）。それぞれ，①社会経済，②認知心理学，③教育実践など異なる文脈が同じ言葉に込められてきたが，OECDやEUの両者にはともにユネスコなどの生涯学習論の枠組みが組み入れられた。とくに1996年ユネスコ報告書『学習：秘められた宝』（欧州委員会委員長ドロール）のいう「知ることを学ぶ」「為すことを学ぶ」「共に生きることを学ぶ」「人間として生きることを学ぶ」などの観点が大きく影響したのである（European Commission　2012）。

　こうしてOECDやEUに共通するキー・コンピテンシーの文脈をもつ一方でOECD/DeSeCoとEUには定義の仕方に違いもある。

　EUのコンピテンシーでは，「ヨーロッパ次元（European Dimension）」と呼ばれる方針を定めている〈①生涯を通じた個人の自己実現と発達（文化資本），②積極的シティズンシップと包含（社会関係資本），③エンプロイヤビリティ（人的資本）〉。これらの方針の下にありながら，EU側は「デジタル能力，学ぶことを学ぶ，社会的市民的能力，創意と起業のセンス，文化と表現」など，OECDとは異なる5つの要素的な定義を行っている（EU Working Group 2003）。

ところで，OECD や EU とは少しタイプの異なる「21世紀スキル」（図2.1）論もまた日本の要領改訂作業にはインパクトを与えている。

　このスキル論は，元祖のメルボルン大学，シスコ，インテル，マイクロソフトなど大学や産業界，あるいは OECD などの機関による情報技術への関心が濃厚である。政治経済・認知心理・教育実践論などに加えて指導内容のメニューに混在させるなど，ICT スキル習得などの導入に力点のある図2.1の一例にあるような改革への問題提起となった。

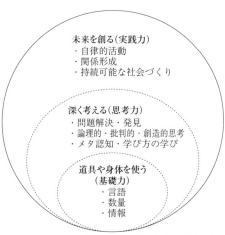

図2.1　21世紀に求められる資質・能力の構造一例
出所：国立教育政策研究所（2015）

　この「21世紀型能力」という呼称については，日本の研究報告書が，すでに「その役割は果たし」ており，今後「各学校において，資質・能力の育成に向けた教育課程の構造化が…進められるよう，統一的な呼称は付さない」とも指摘している（国立教育政策研究所　2015）。

（4）資質・能力（コンピテンシー）の再定義

　日本の改訂要領をめぐる経緯では，旧コンピテンシー（PISA 型）を再定義する OECD の論議と共同して，新たな改革の枠組み（コンピテンシー再定義）を組み込む作業が進行した。そこで，上記2007年改正学校教育法の学力規定と旧コンピテンシーの改訂を加えた新たな「資質・能力」ベースのバージョンアップが作成されている。

　すなわち，旧キー・コンピテンシーとは，①「相互作用的に道具を用いる」，②「異質な集団で交流する」，③「自律的に活動する」の3次元の枠組みであった。それを，図2.2の3次元の構造に「再定義」したのである。

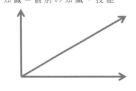

① Knowledge (Knowing)
　知識＝個別の知識・技能
② Skills (Doing)
　スキル＝思考力・判断力・表現力など
③ Character qualities (Behaving)
　人間性＝多様性・協働性・学びに向かう力・人間性など
＊全体的にメタ認知（Metacognition）
　どのように省察し学ぶか（Reflecting and adapting）

図 2.2　OECD のコンピテンシー再定義
出所：中教審の審議資料（2015）

　旧定義もすでにピアジェのいう「自律（的に活動する）」に近い説明で一定の価値的な方向を示すものではあったが，OECD と日本政府による政策対話によって，心理学的なニュアンスをいっそう濃厚にする再定義として「メタ認知」をもとに「人間性」などの 3 本柱を新たな鶏冠にした。日本では，この再定義を用いて「道徳」「スキル」「人間性」などを強調する 2017・2018 年版学習指導要領にまとめたのである。

　この再定義 3 次元は，かねて本田由紀や松下佳代らが指摘してきた人格の内面に食い込む「ハイパー・メリトクラシー」（本田　2005），あるいは「対人的能力」や「情意的・行為主体的」な能力論（松下　2010）にとどまらず，子どもの生き方まで干渉・支配しかねない「人間性」の用語をコンピテンシーの目標に掲げることとなり，情意領域への浸食をいっそう深める改訂要領となったのである。

（5）改訂要領の「他者との協働」

　内閣府「産業競争力会議」の審議資料（文科省提出）がある（内閣府　2015；以下，「内閣府資料」）。この資料では，まず最初に「今後 10 年〜20 年程度で，約 47％の仕事が自動化される可能性（オズボーン）」といった独特の未来予測を引用し，勤労者は近い将来働く場所を失いかねない旨の脅迫的言辞を提言の理由に掲げた。

そこで新たな人材育成が提起され，「課題の発見と解決に向けた主体的・協働的な学習」「あらゆる段階で『アクティブ・ラーニング』（AL）を充実」など，2017・2018年版学習指導要領につながる方針が示されている。資料の冒頭には，これらを方向づける60年代以来の教育投資論の定式がある（「成長（生産）＝一人一人の生産性×労働力人口」）。
　すなわち，子どもたちはグローバル資本の競争を勝ち抜く「大国願望」と「産業競争力」のために「付加価値の高い人材の育成」をめざすこととなる。それゆえ，「論理的思考力や課題解決能力」や「チームを組んで特定の課題に取り込む経験」を含め，「他者との協働」が学校に根付かなければならず，施策として「あらゆる段階で『アクティブ・ラーニング』（課題の発見と解決に向けた主体的・協働的な学習）を充実」などが例示された。
　これらの提言にはコンピテンシー再定義を支える社会関係資本論（ソーシャルキャピタル；以下，SC）の伏線がある。これは，協働・ネットワークなどの「社会関係性」まで財に置き換える考え方である。人と人の社会関係性を構成する個々の労働力は確かに「財」に置き換え計算できるかもしれない。しかし，「人格」あるいは「人格と人格の関係性（協働）」を「財」に置き換えることは不可能である。教育論としては，この点が問題となろう（Sharon Gewirtz *et al.* 2005）。教師の教育活動も，授業における子どもの発言や行動の価値を価格で計算する類の活動とはいえない。
　しかし，内閣府資料のみならず，中教審答申（2016年）も同様に，従来型では通用しない労働力養成に関して，SC蓄積型（協働やネットワークの力を身につける）の人材育成への変容を強く求めるものであった。
　結局，改訂要領では，早期英語教育やプログラム学習，ICT活用そのほかグローバル産業競争の即戦力につながる授業レベルの提言等が目白押しとなり，「スーパー子どもづくり」のメニューが並べられた。しかし，小学校の初期段階からプログラミング教育などを行う条件と妥当性が本当にあるのかどうかなど，教育的発達的な意味についての検討は避けられないであろう。
　また，2017・2018年版学習指導要領では道徳の教科化（高校では新教科の公

共など）そのほかの国家主義的道徳のしばりを伴う教育課程の押しつけが強まったが，それが子どもの「主体的な学習」や「思考力，判断力，表現力」などの尊重につながるのか，そもそもの矛盾をかかえる。また，本当に「協働的な学習」を求めるのであれば，教師専門職の役割（自律性・責任・専門性）の確立や教育条件全般の整備，あるいは正規・非正規の実態や研修の諸条件なども合わせ検討しなくてはならない。

　労働力養成とのかかわりでは，ディーセント・ワーク（働きがいのある人間らしい仕事—ILOの基本目標）の社会的共同労働につながる学校教育の意味づけ，あるいは子どもの全体発達にかかわる普通教育や職業教育の充実といった教育的なあり方が課題とならざるをえない。

（6）アクティブ・ラーニング

　内閣府資料がいうアクティブ・ラーニング（以下，AL）は，2014年中教審教育課程企画部会「論点整理」から2016年にかけた，大学までの教育階梯を通じる改革提言と深いかかわりがある。ALがもともと米国の大学教育に出自があるといわれるのは，労働力政策に伴うグローバル人材養成が大学に直結する事情からくるものであろう。2016年5月10日付の記者会見では馳浩文科大臣（当時）自らALにまで踏み込むなどの力の入れようであり，前後数年の間に日本の教育界で一気に広められた。改訂要領の審議資料をみると，ALは図2.3のような3本柱のコンピテンシーのなかに位置づくものである。

　その後，審議経過を通じて「特定の型」に終始しがちな批判もあってか最終的には2017・2018年版学習指導要領（成文）の文言から消えた。しかし，学習指導要領では「主体的・対話的で深い学び」に書き替えられたにすぎない。趣旨が変更されたわけではない。

　ところで，国内の扱いではALの効能が魔法の万能薬のように受け止められることも多い。良くも悪くも，それは「活動的な学習」という教育手法をさす用語であり，実践プロセスの「目標・内容・方法・評価」を構成する1つの単位であろう。

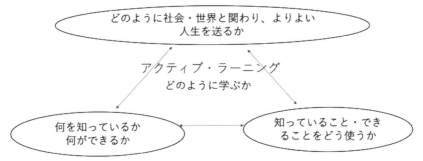

図2.3　アクティブ・ラーニングの意義について
出所：中教審教育課程企画特別部会（2015）「2030年に向けた教育の在り方に関する第2回日本・OECD政策対話（報告）」

　しかも，「活動的な学習」（AL）の提起は今に始まる話でもない。教育方法史上の流れは古く，教育実践において「活動的（アクティブ）」の捉え方はさまざまある。それは漠然たるくくりであり，発見学習，体験学習，グループ・ワーク（中教審答申）そのほかなじみのある種々の方法まで含まれる。どのALにしろほかの教育実践単位にしろ，子どもの育ちは「このやり方でつくればこう育つ」といった図面どおりに仕上がるPDCA管理の工業製品というわけにはいかない。教育階梯ごとの実践事実に照らした丁寧な吟味が求められる。

（7）学校間接続と子どもの発達

　以上のコンピテンシー・ベースの改訂論議は，教育実践の事実から帰納的に積み上げる作業でまとめられたのではない。それとは逆の，心理学的な「資質能力という発達の姿」（実践の成果）が先験的に設定され，演繹的に内容編成を行う枠組み（学習指導要領）となった。その意味で，久田敏彦のいうように，本来は関係当事者による実践を介した結果として得られるはずの子どもの「資質・能力」が，コンピテンシー・ベースの要領では順序が逆である（久田2017）。この実践の前か後かの「資質・能力（コンピテンシー）」の扱い方には大きな違いがある。

　心理学的な理論から教育課程編成を演繹する手法にまったく意味がないとい

うことではない。発達心理学的な枠組みは教育内容（価値）の編成を直接に指示しないが，それが発達段階論など形式的枠組みの仮説の提示として課程編成に生かされるのであれば，その観点による編成の作業は可能でありまた必要となる。

その一例として，教育指導（発達価値）論と心理（発達段階）論の区別と関連にかかわるオーソドックスなシークエンス（発達経緯）とスコープ（内容領域）の教育課程編成構造図（筆者作成）を表2.3に示しておこう。

表2.3に示す左側の構造表は，右端のOECD/DeSeCo/PISAキー・コンピテンシー旧定義（もとは3次元構造）との対比で似ていることがわかる。また，右端PISAの3次元は心理学的な枠組みだが，欧州圏の知識基盤社会論に由来する論議を「(③) 自律的に活動」に連動させる価値論的な特徴がある。

さらに，表左の構造表と右端PISA旧定義との比較にキー・コンピテンシーの再定義論（上記）を重ねると，本来は自由であるべき「心のあり方（人間性）」まで規制しかねない価値論への踏み込みが目立つこともわかる。

しかし，教育実践につなげる本来の指導内容は，何らかのコンピテンシーから「直ちに」確定できないことに留意しなくてはならない。その意味で表2.3

表2.3　年齢ごとの教育領域と「教育課程の構造表」

直接の指導対象	発達年齢ごとの教育領域				コンピテンシー旧定義
情　意 （身体性と演劇性）	身振りの身体性→スポーツ的活動→生涯の社会体育 身振りの演劇性→演劇的活動　　→生涯の演劇文化			≒ ≒	①異質な集団で交流する
認　知	身振りの模倣性→教科指導　　　→生涯学習			≒	②相互作用的に道具を用いる（PISA）
職業技術技能	あそび労働　　→職業体験 　　　　　　　　・教育	→職業教育・訓練		≒	エンプロイヤビリティ（EU）
年齢発達	↑3歳	↑6歳	↑15歳	↑成人・高齢者	(③) 自律的に活動 ↑15歳調査 （知識基盤社会）
→シークエンス	幼児期	→児童・青年期	→成人・高齢期		

出所：八木（1988）

の構造表は価値論を避けるものであり，年齢別の形式的な整理にとどめている。本来の価値的な教育課程編成は学校を基礎とする当事者間（子ども・教師・保護者・地域住民など）の編成主体と手続きを介して初めて成り立つからである。

　したがって，表2.3左の構造表は，コンピテンシー再定義にある「人間性」などの価値論は混在させず，「シークエンス（発達的経緯）」としての「幼児期・児童期・青年期・成人期・高齢期」などの発達段階論の知見のみを教育課程編成に位置づけたものである。

　しかし，グローバル市場化と競争圧力による深まりのなか，格差と社会分断が教育界でも進行し，小中高大の階梯区分にかかわる学校と地域における教育課程（内容価値）の編成に多大な困難がもたらされてきた。今では，小中一貫か中高一貫かなどの学校階梯間の複線型「接続選択」まで加わり，教育課程編成のタイプを選ぶ「カリキュラム・アーティキュレーション」（教育課程接続）の選択ともいえる状況下にある。

　しかし，発達階梯毎の発達的特質をふまえ，地域社会の公共性と学校を基礎とするような，本来の「誰が，何のために，何をどこまで，どのように，どういう実践を介して」といった子どもの発達にふさわしい教育内容価値の編成に関する探求を避けることはできない。

3　教育課程編成の主体性と公共性

　グローバル人材養成を強く求める2017・2018年版学習指導要領の特徴をみてきた。石井英真はこのコンピテンシー・ベースといわれる教育課程改革についての「光」（可能性）と「影」（危険性）をおよそ次のように述べた。

　つまり，可能性とは「教科外活動も含め，カリキュラム全体で人間形成を考えていく可能性」のことであり，危険性とは「何々力という言葉を介して教育に無限責任を呼び込みかねない」ことだという。

　前者の可能性は「認識方法面（プロセス）からも目標を捉えることで，内容をきっちり習得させねばならないという結果へのこだわりをゆるめ，学習者の試行錯誤を許容することがしやすくなる」が，後者の危険性は「教科横断的な

汎用的スキルを位置づけることで，活動主義や形式主義に陥る」ことだというのである（石井　2015）。教育実践の事実とつきあわせれば，この指摘には首肯できる面があると思われる。

　そこで本節では，それらが日本の学習指導要領編成システムと学校における現下の教育課程運営体制の下で，個々の教育内容をいったい誰がどのように作成し編成や運営は誰が実践のかといった担い手のあり方いかんで課程編成の意味そのものが左右されるという問題にも注目しておきたい。

　では，まず教育課程の編成主体である学校現場はコンピテンシー・ベースの2017・2018年版学習指導要領にどう向き合うべきか。本章では，「資質・能力（コンピテンシー）」ベースの編成の授業実践における曖昧さやむずかしさを考えてきた。では，教育内容・教材・指導方法編成に際し，「資質・能力（コンピテンシー）」の新たな提起をつきあわせながらも，現場の実践に意味のある教育内容（価値）の編成作業はどうあるべきか。

　どのような価値基準の編成システムであっても，それは，「現場に」何らかの直接的な影響を与え，対峙的か好意的か「現場から」多様な応答がなされるはずである。「現場から」も何らかの基準が生成されたり，積極的かつ多彩に駆使されたりする教育実践レベルの多層的な「基準」化がありえる。

　出来合いの学習指導要領のような「基準」としての規範レベルから教育委員会や学校レベルの基準化まで多様な実態もあり，また教職の基準性と関連する何らかの管理運営基準であったり，学校を基礎とする多様に試みられる基準化が制度的な教育課程編成のあり方にも影響を与えるであろう。これらのさまざまな基準化の動態に留意しつつ，教育課程編成における「動態としての基準性」に参加しうる主体形成のあり方を模索していかねばならない。

　主たる内容教材（教科書）の編成・開発にまで関与するこうした教師の権限については，とくに1966年「ILO・ユネスコの教員の地位に関する勧告」の61項が「教材の選択及び使用，教科書の選択並びに教育方法の適用にあたって，承認された計画のわく内で，かつ，教育当局の援助を得て，主要な役割が与えられる」とし，62項が「教員及び教員団体は，新しい課程，教科書及び

教具の開発に参加するもの」と規定している。これらの規定では教育課程編成や教科書選択における教師側の排除は考えられないであろう。

　こうした教師側の権限の主張は，しかし教師の恣意と独断を支持するという意味ではない。この教師による基準化編成システムをめぐり，学校を基礎とする「重層的な合意形成過程」の実相を見据え，「絶えざる研究・協議・対話・調整・決定のプロセス」で教育的価値を主体的に生成すべき方途は如何にすべきか，あるいは，その編成の公共性のあり方とともに内容面の妥当性がどう担保されるかが課題とならざるをえない。

　そこで，何らかの「資質・能力（コンピテンシー）」に関する構想をつきあわせながらも，教育内容（価値）の編成に際し，大綱的基準化としての教育課程が具備すべき条件づくりを教室レベルから教育実践評価システムに関係づけるとはどういう作業になるのか。

　ここでは，表2.4に示す河原尚武の提起を参考にしておきたい。この内容編成論は，①「a 授業実践と内容構成の往還」と②「b 内容選択における教育論（価値）との往還」に③「c 学校を基礎とする実践評価サイクル」が加わり，内容・教材・授業過程の身近な基準化の重層的な公証プロセスが全体として進む構想である。この教育内容の編成要件は，授業過程を基礎としつつも，河原のいう「内容選択における教育論（価値）との往還」，あるいは，「教育内容選択の根拠を教育論として解き明かしたもの」であるために大学や学会その

表2.4　教育実践過程における教育内容の選択

①「授業を画一化，硬直化させないためにも，教育課程の基準の内容が大綱から離れ，過度に細分化されて教科内容の細目とならないように構成されること」〈a 授業実践と内容構成の往還〉
②「大綱としての教育課程の基準は，教育内容選択の根拠を教育論として解き明かしたものでなければならない」〈b 内容選択における教育論（価値）との往還〉
③「国の定める基準が大綱的なものであることを前提にして学校に基礎をおくカリキュラムの開発が奨励され，教材の開発，教授―学習過程（授業過程）の成果や経験がまた大綱としてのあり方の再検討を促す，そのようなカリキュラムの構成と評価のサイクルの必要性，すなわち学習指導要領自体の評価システムを設けること」〈c 学校を基礎とする実践評価サイクル〉

出所：河原尚武（1992）より引用。ただし，〈　〉内のa，b，cは筆者加筆

他の研究機関との接合も必須の要件となるのである（河原　1992）。

> **深い学びのための課題**
> 　自分のかつての学校生活（小中高）や教科書内容などを振り返ってみて，その学びの経験が本章で述べた教育課程行政における学習指導要領の展開区分の意味とどのようなかかわりをもつものであったのか，また今後の学習指導要領のあり方はどうみるべきかなどについて論じてみよう。

注
1）コンピテンスとコンピテンシーの定義の違いについて，ライチェンらは次のように述べている。つまり，それは「コンピテンス」が社会的要求に対応すべき一般的・包括的（holistic）な用語（前掲書67頁）であるのに対し，その具体的な文脈において機能すべき諸次元（3つ）の個々の能力が「コンピテンシー」というものである（Rychen, D. S., *opcit*., pp41-62）。

引用・参考文献
河原尚武（1992）「教育実践過程における教育内容の選択」斉藤浩志編『教育実践学の基礎』青木書店
久田敏彦（2017）「学習指導要領改訂にみる問題点と可能性」『人権と部落問題』No.898，9頁
経団連（2015）『週刊経団連タイムス』2015年7月16日付
兼子仁（1976）「最高裁学テ判決（北海道学テ事件）の読み取り方」『季刊教育法』21号
国立教育政策研究所（2015）『資質・能力を育成する教育課程の在り方に関する研究報告書1』 iii頁脚注・8頁
松下佳代編（2010）『〈新しい能力〉は教育を変えるか』ミネルヴァ書房
石井英真（2015）『今求められる学力と学びとは―コンピテンシー・ベースのカリキュラムの光と影』日本標準，10頁
中央教育審議会（2006）「初等中等教育分科会教育課程部会教育課程企画特別部会第15回配布資料」2006年9月5日
――（2015）「2030年に向けた教育の在り方に関する第2回日本OECD政策対話（報告）」〈2015年7月教育課程企画特別部会参考資料〉6頁
――（2015）「教育課程企画特別部会 論点整理資料」25頁，「教育課程企画特別部会 論点整理（案）補足資料」160頁
――（2015）「次期学習指導要領等に向けたこれまでの審議のまとめ（案）補足資料3」
内閣府（2015）「教育再生による経済成長」〈産業競争力会議 雇用・人材・教育WG第4回資料〉（首相官邸ウェブサイトに文科省提出資料掲載）
八木英二（1988）「教育課程の構造表」中内敏夫『教育学第一歩』岩波書店，51頁
本田由紀（2005）『多元化する「能力」と日本社会』NTT出版，20-34頁
ガーディアン紙（2014）「シュライヒャーへの書簡」2014年5月6日付（民主教育研究所（2014）『人間と教育』No.83に全文日本語訳）
Anneke Westerhuis（2011）"the meaning of competence", in Michaela Brockmann, Linda Clarke and Christopher Winch with Georg Hanf, Philippw Mehaut and Anneke Westerhuis, *Knowledge, Skill and*

Competence in the European Labour Market-What's in a vocational qualification?
EU Working Group Doc(2003) "Basic skills, entrepreneurship and foreign languages", progresss report, p.11
European Commission Doc(2012) Education and Training 2020 Work programme, Thematic Working Group 'Assessment of Key Competences', Leterature review, Glossary and examples, November
OECD Doc.(2009) 21st century skills and competencies for new millennium learners in OECD countries, EDU Working paper no.41
Rychen, D. S., Key(2003) *Competencies for a Successful life and Well-functioning Society*, Hogerefe & Huber Toront, p.41・43
Sharon Gewirtz, Marny Dickson, Sally Power, David Halpin & Geoff Whitty(2005) The deployment of social capital theory in educational policy and provision : the case of Education Action Zones in England, British Educational Research Journal Vol.31, No. 6 , December, pp.651-673
UNESCO(2015) "Education 2030—Incheon Declaration and Famework for Action Towards Inclusive and equitable quality education and lifelong learning for all", http://www.unesco.org/new/fileadmin/MULTIMEDIA/HQ/ED/ED/pdf/FFA_Complet_Web-ENG.pdf

第3章
教育課程行政からカリキュラム・マネジメントへ

　「カリキュラム・マネジメント」は，各学校が教育目標のよりよい達成のために，カリキュラムを創り，動かし，よりよいものへと変えていく営みである。このような営みにかかわっては，1950年代は「教育課程行政」「教育課程管理」，1970年代は「教育課程経営」の概念が提唱されていた。「カリキュラム・マネジメント」の用語が文献などでみられるようになったのは，総合的な学習の時間が新設された1998（平成10）年前後からである。行政文書では，2003年に中央教育審議会答申で「カリキュラム・マネジメント」の重要性が指摘され，2017・2018年告示の学習指導要領においては，「カリキュラム・マネジメント」は，学習指導要領の理念の実現のための重要な鍵概念の1つとして大きく取り上げられた[1]。

　本章では，**1**で「カリキュラム・マネジメント」概念の生成・発展の経緯を述べる。**2**では，「カリキュラム・マネジメント」のポイントを解説する。**3**では「カリキュラム・マネジメント」をシステムと捉え，その全体像を示す。最後に**4**で，先進的な実践事例を紹介する。

1 教育課程行政からカリキュラム・マネジメントへ―歴史的経緯
（1）学校の裁量権限とカリキュラム・マネジメント
　「カリキュラム・マネジメント」は，「学校を基礎としたカリキュラム開発（School Based Curriculum Development；以下，SBCD）」と関係の深い営為である。SBCDとは，学校をカリキュラム開発の場と位置づけ，学校での日常的な活動を通して開発を進めていこうとする考え方である[2]。カリキュラム・マネジメントは，カリキュラム開発を支える組織的な経営過程や組織体制に光を

当てる。

（２）日本における概念の生成と発展

　わが国では，過去に，大正時代の新教育運動や戦後のコア・カリキュラム運動など，学校におけるカリキュラム開発が盛んに展開された時期がある（第8章）。しかし，55年体制以降の中央集権型の教育行政において，1958年告示学習指導要領に法的拘束力が付与され教育課程基準が強化された。加えて，教育の現代化運動における教科の系統学習を重視する潮流などにより，教師の関心は，カリキュラム全体にかかわる内容開発よりも，個別教科の教材研究や授業方法論に傾いた（第2章）。

　教育行政による教育課程基準の拘束力の強化，教育課程の法的管理による各学校の教育課程経営の自由・幅の制限の進行という現実を契機として，教育課程にかかわる研究が「自覚的に展開」された（小泉　2000）。しかし，初期の研究は，行政主導の教育課程行政論や，規定の枠組みのなかで学校が行う教育課程管理論が中心であった。

　1970年ごろより，各学校を主体とする教育課程経営への転換と科学化が提起された。当時，経済開発協力機構（OECD）と文部省（当時）の共催で，有名な「カリキュラム開発に関する国際セミナー」が開催され，スキルベック（Skilbeck）により，先述したSBCDが紹介された。この国際セミナーを契機に，学校におけるカリキュラム開発に関する議論が活発化するとともに，政策的にもSBCDの思想に基づく教育改革が展開されることとなった。まず，教育課程の改善に資する実証資料を得ることや新しい教育課程（カリキュラム）や指導方法を開発することを目的とし，学習指導要領などの国の基準によらない教育課程の編成・実施を認める制度，すなわち研究開発学校制度（1976）が開始された。

　「教育課程経営」論の特徴は，次のように整理される（中留　1984，高野　1989）。
　①学校の教育目標の具現化を目的とする
　②単位学校を主体とした組織的な取り組みである

③教育課程を PDS サイクルによって動態化する
④教育活動と条件整備（経営）活動とを対応関係として捉える
⑤教師を授業経営者およびカリキュラム・メーカーと位置づける

　このような理論化の一方，この時期は，少数の研究開発学校を除いては，各学校におけるカリキュラム開発が活性化される条件にはなかった。教師の一般的な認識は，「教育課程とは指導要領」「カリキュラムを上から与えられたもので，教師たちが自らつくってゆくものとはみない」というものであった（文部省　1975）。教育課程経営研究は理論枠組にとどまり実践は形式化したと評され，「理論と実践の統合」が課題とされた（中留　1999）。

　しかし，その後，自律的学校経営の方向における政策展開により，状況が変わってきた。学習指導要領においては，「ゆとりと充実（1977 改訂）」，生活科新設（1989 改訂），「総合的な学習の時間」の新設を核とした教育課程全体の領域・教科の構成の再検討の求め（1998・99 改訂），最低基準性の明確化（2003 一部改正）など，教育課程基準の大綱化・弾力化が進められた。とくに，総合的な学習の時間の創設は，一般の小中高等学校にも，広く SBCD を求めることになった。また，中央教育審議会（1998 答申）「今後の地方教育行政の在り方について」において，行政から学校への権限委譲が勧告され，その後，単位学校の裁量権限の拡大が進行した。しかし，学校裁量権限の拡大や指導行政の変化は直線的に各学校のカリキュラム開発を実体化するものではなく（露口　2008），裁量権限を活用したマネジメントの開発の必要性が盛んに指摘された。そこで，「教育課程経営」という用語から，あえて「カリキュラム・マネジメント」という用語に転換することによる意識変革や実践の普及を意図しつつ，教育課程経営理論の再構築を試みる研究が台頭した。

2　カリキュラム・マネジメントのポイント

（1）連関性と協働性─総合的な学習の時間

　上述のとおり，「カリキュラム・マネジメント」研究の転機は，総合的な学習の時間の創設であった（第 6 章）。それはなぜか。この時間の目標は，学習

指導要領に示された目標（1998年告示学習指導要領では「ねらい」）をふまえて，各学校が定める。教科書や指導書がなく，各学校が内容を定める。したがって，学校が子どもの実態や地域性をふまえ，その学校ならではの特色ある教育実践が可能である。特色ある学校づくりの経営戦略の中核となる時間である。また，地域に学習課題や学習材，学習の場を求めた探究的な学習を実現するため，学校と地域の連携・協働が必要である。さらに，学習課題は，子どもの興味関心に基づく課題や，国際理解，環境，福祉など現代的課題であり，これらは一教科の枠にとどまらない。教科で学んだ知識を総合的な学習の時間の問題解決場面で活用したり，総合的な学習の時間で身につけた探究的な学習方法を教科の学習で活かしたりするなど，「知の総合化」が求められる。学校全体のカリキュラムを教科横断的に構成する必要がある。しかし，総合的な学習の時間を専門とする教員免許状は存在しない。そこで，教員相互が教科や学年の枠を超えた協働により，教科横断的に学校全体のカリキュラムを検討し実施する必然性がある。

　以上の特徴から，カリキュラム面（教育目標，学習内容，学習方法など）の教科横断的なつながり（連関性）と，マネジメント面（教科や学年を超えた教員間，学校と地域の間など）のつながり（協働性）が，1998年以降のカリキュラム・マネジメントの原理とされた（中留 2001 他）。その後も，学習指導要領において，キャリア教育や安全教育といった教科横断的な教育課題の増加，全教科・領域で取り組む言語活動の充実化や「主体的・対話的で深い学び」の実現，教育課程全体で育成する資質・能力への着目などが求められている。限られた時数のなかでそれらを実現するためには，単位時間だけでなく，単元レベル，年間レベル，学校レベルにおける計画的かつ組織的な取り組みが必要である。系統的かつ教科横断的なカリキュラム構成やそれを実現する協働性の重要性は増している。

（2）評価を起点とするマネジメントサイクル—学校評価，全国学力・学習状況調査

　わが国の学校においては，「計画・実施・計画・実施…の繰り返しだった」と自嘲気味に語られることがある。授業研究を通した本時レベルの評価のレベルの高さに比べ，長期的な年間単位のカリキュラム評価は長年不活発であった。しかし，2007年学校教育法改正による学校評価の法制化により，学校における評価が義務化され，この10年余の間に，学校現場でもPDCAサイクルはかなり意識されるようになった。とはいえ，学校評価は，「形骸化」「カレンダー主義」「アンケート主義」，構造化されていない網羅的な評価項目など，多くの課題が指摘されてきた（加藤　2012）。そこで，2017・2018年告示学習指導要領「総則」においては，「各学校が行う学校評価については，教育課程の編成，実施，改善が教育活動や学校運営の中核となることを踏まえ，カリキュラム・マネジメントと関連付けながら実施するよう留意するものとする」とされている。

　カリキュラム・マネジメントにおいては，カリキュラムの目標・内容・組織・実践と諸条件を改善するために，評価の重要性が強調されてきた。新設校でもないかぎり，通常，どこの学校にも既存のカリキュラム（教育課程）がある。評価結果は，授業実践の改善や教育課程編成方針の根拠となる。評価を確実に改善や次の計画（新規のカリキュラム開発も含む）につなげるために，一般的な「PDCA」ではなく，SPD（中留　1998），CAPD（田中　2001），CAP-Do，DCAPといった評価や実践を起点とするマネジメントサイクルが提唱されてきた（なお，計画（P），実施（D），改善（A），評価（C），評価（S）に対応する）。このような発想により，年度を超えてつながるマネジメントサイクルをめざす。

　小・中学校のカリキュラム・マネジメントのPDCAサイクルに大きな影響を与えたもう1つの政策要因が，2007年の全国学力・学習状況調査（小6，中3）の開始である。調査実施直後に，当該学年・教科の担当教員以外も加わって自己採点をして全職員で授業改善を検討したり，学力調査と同時に実施される児童・生徒質問紙の項目を学校の重点目標に定めて経年比較をしながら実践

の改善を検討したりする学校も多い。「主として活用に関わる問題（B問題）」は，教科において育成すべき学力（目標）を調査問題という形で具体的に学校現場に示したものといえる。

3 カリキュラム・マネジメントの全体像

（1）カリキュラム・マネジメントの概念定義

2017・2018年告示の学習指導要領では，「カリキュラム・マネジメント」は次のように記されている。

> 各学校においては，児童や学校，地域の実態を適切に把握し，教育の目的や目標の実現に必要な教育の内容等を教科等横断的な視点で組み立てていくこと，教育課程の実施状況を評価してその改善を図っていくこと，教育課程の実施に必要な人的又は物的な体制を確保するとともにその改善を図っていくことなどを通して，教育課程に基づき組織的かつ計画的に各学校の教育活動の質の向上を図っていくこと（以下「カリキュラム・マネジメント」という。）に努めるものとする。
> （小学校学習指導要領「総則」第1　小学校教育の基本と教育課程の役割4）

この定義には，これまでのカリキュラム・マネジメント研究の成果が反映されている。上の定義の重要な点を再整理すると，①教育の目的や目標の実現というマネジメントの目的，②教育課程全体にわたる教科横断的な教育内容の組織化，③教育課程にかかわるマネジメントサイクルの実体化，④教育活動を支える学校内外の諸条件・諸資源の開発・活用・改善である。

（2）システム思考に基づくカリキュラム・マネジメント

カリキュラム・マネジメントの主要な考え方の1つは，システム思考である。高野桂一は「システム的に思考すること」を提案し，教育課程経営を「トータル・システムとしての学校経営」の「サブ・システム」と位置づけた（高野1989）。これを土台とし，中留武昭は，学校を「環境に対してダイナミックに対応して，ある一定の成果を生み出すためにインプット条件を教育的に変容させるべきオープンシステム」と捉えた（中留　1991）。

システムとは「何かを達成するように一貫性を持って組織されている，相互

につながっている一連の構成要素（メドウズ／枝廣訳　2015，原著　2008）」である。この定義に明らかなように，システムとは「目的」と「要素」と「要素間のつながり」から成り立つ。これら三要素はすべて重要で，システムに欠かせないのだが，相対的には，目的＞つながり＞要素の順に重要である。たとえば，教員は学校というシステムの主要な要素であり，メンバーの入れ替わりや人数の増減は，システム全体に少なからず影響を与える。しかし，つながりのあり方が変更されたら信じられないほど劇的にシステムが変容する。たとえば，教員・生徒の間の「教授・学習」関係が逆になったらどうなるだろうか。また，目的が変われば，まったく異なるシステムになる。たとえば，学校の目的が物品の生産になったらどうだろうか。

　目的はシステムを決定する。では，カリキュラム・マネジメントの目的は何か。それは，児童・生徒の教育的成長である。この目的に資するように，すべての要素と要素間のつながりを最適なものへとデザインしマネジメントしていくことがカリキュラム・マネジメントである。

（3）カリキュラム・マネジメントの全体構造図

　図3.1は，国内外の先行研究の理論的検討と量的・質的な実証研究を経て，筆者が構築したカリキュラム・マネジメントのシステムを図的に表現したモデル図である（田村　2011 他）。モデル図は，現実世界を抽象化した模型である。現実には，ただ1つとして同じ学校は存在せず，個別の条件を備え，さまざまな要因が複雑に絡み合い，1回限りの事象が絶え間なく起こっている。しかし，その主要な要素と関係性のパターンを簡潔に図式化することにより，共通の分析枠組みを提供し，各学校の共通点や個別性を見いだしやすくなる。図3.1には，「ア．教育目標の具現化」「イ．カリキュラムのPDCA」「ウ．組織構造」「エ．学校文化」「オ．リーダー」の要素を包含した学校内のシステムが，学校外の「カ．家庭・地域社会等」「キ．教育課程行政」の要素との相互関係にあるオープンシステムとして描かれている。以下に，各構成要素について概説する。

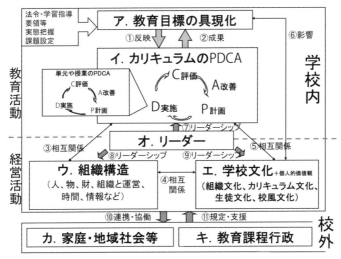

図3.1 カリキュラムマネジメント・モデル
出所：田村（2011 他）

要素（ア）…教育目標の具現化
　カリキュラム・マネジメントの目的は子どもの教育的成長であるが，これでは抽象的に過ぎる。そこで，各学校は，校長が中心となり，より具体的な教育目標を設定する。その際，法令や学習指導要領，子どもや学校，地域の実態を踏まえて学校の教育目標を設定するため，図の左上に補助的に「法令・学習指導要領等，実態把握，課題設定」を位置付けた。当該学校の教職員一人ひとりが自校の学校教育目標を十分に理解し，これを意識しながら日々の授業や学級活動，学校行事などに臨むことが必要である。そのためには，育成をめざす資質・能力を，具体的な子どもの姿として描いておく。

要素（イ）…カリキュラムの PDCA（Plan-Do-Check-Act）
　「イ．カリキュラムの PDCA」は，教育目標を具現化するための具体的な手段（教育の内容・方法）である。教育目標はカリキュラムに反映される（図中，矢印「①反映」）。また，カリキュラム実施の成果は教育目標の達成度である（図中，矢印「②成果」）。「何のために（ア．目標）」と「何をするのか（イ．カリキュラム）」を対応させて考える。目標とカリキュラムが連動しない場合，「教科書をこなす授業」や「例年通りの行事」，「効果を検証できない実践」になる可能性がある。3（1）で紹介した学習指導要領「総則」の「カリキュラム・マネジメント」の箇所（以下，「総則」）にも，「教育の目的や目標の実現に必要な教育の内容等を教科等横断的な視点で組み立てていくこと（傍点筆者）」という記述がある。

第3章　教育課程行政からカリキュラム・マネジメントへ　49

年間の PDCA サイクルにおいては，一般的には，全体計画や年間指導計画作成までが計画作成までが計画（Plan）段階である。実施（Do）段階とは，単元や授業レベルである。通常は，年度当初に計画し，年度末に評価（Check）・改善（Act）をする場合が多いが，年度途中であっても実践を進行させながら評価・改善を行ったほうが効果的である。さらに，単元レベルや授業レベルにおいても，短期スパンの PDCA サイクルを繰り返すことを表すため，年間レベルの「D」段階に「単元や授業の PDCA」が補助的に位置づけられている。「総則」の「教育課程の実施状況を評価してその改善を図っていくこと」に対応する。

要素（ウ）…組織構造
　カリキュラム・マネジメント理論の特徴のひとつは，教育の目標・内容・方法系列の要素（図中「ア」「イ」）と条件整備系列の要素（図中「ウ」「エ」「オ」「カ」「キ」）を対応させ一体的に捉える点にある。「総則」には「教育課程の実施に必要な人的又は物的な体制を確保するとともにその改善を図っていくこと」と記されている。カリキュラムを実際につくり動かしていくためには，人的資源（教職員の配置，力量形成など），物的資源（施設・設備，教材・教具など），財（予算），適切な組織体制とその運営，時間や情報などが必要である。これらを「ウ．組織構造」とする。

要素（エ）…学校文化（教員の組織文化と児童生徒の文化，校風文化等の集合）
　「ウ．組織構造」が経営的要素のハード面だとすれば，「エ．学校文化」はソフト面である。ここでいう学校文化とは，単位学校の教職員が共有している「組織文化」，児童生徒が共有している「生徒文化」，学校に定着した「校風文化」の集合である（堀尾・久冨他　1996）。「組織文化」は，子ども観，教育観，カリキュラム観などから成る「カリキュラム文化」と，組織内の関係性に関わる狭義の「組織文化」に分類される。カリキュラム文化では創造性や実験性などが，狭義の組織文化では協働性が，ポジティブに機能する（中留他　2005）。学校文化は，目に見えにくいが，カリキュラムに関わる決定や実施，評価に当たって重要な規定要因である。「文化」は継続的に共有された考え方や行動様式を差すが，組織内には当然，共有化には至っていないが少なからず組織に影響を及ぼす個人的な価値観も存在する。「学校文化」や教師の価値観（子ども観，教育観，カリキュラム観など）や姿勢は，時として「かくれたカリキュラム hidden curriculum」として機能する。（第7章）

要素（オ）…リーダー
　マネジメントには「他者を通じてパフォーマンスする（マグレッタ　2003）」という面がある。校長や副校長，教頭，教務主任，研究主任などのリーダー層は，直接，自分がすべての授業をするわけにはいかない。しかも，ひとたび教室に入れば教師一人ひとりの裁量が大きいのが学校の組織特性である。だからこそ学校では，一人ひとりの教師が，学校としての目標やカリキュラムを十分に理解し納得した上で，主体的自律的に実践に取り組めるようマネジメントすることが求められる。リーダーシップには，授業を観察して指導・助言するといった直接的に教育活動に働きかける教育的リーダーシップ

（矢印⑦）もあれば，人的・物的環境を整備することで間接的に教育活動を支援する管理的リーダーシップ（矢印⑧）や，学校内の人間関係や校風をポジティブなものに変えることで教育活動を活性化する文化的リーダーシップ（矢印⑨）もある。

要素（カ）…家庭・地域社会等
　「社会に開かれた教育課程」の実現のためには，保護者や地域社会，企業といった外部関係者との協働は，カリキュラム・マネジメントに不可欠の要素である。積極的にコミュニケーションをはかりながら，教育活動への協力・支援を得て，教育活動の質の向上を目指す。逆に，子どもが地域貢献する総合的な学習の時間の実践や，学校が地域の社会教育の場を提供することなどにより，双方に利益のある，「win & win」のパートナーシップを構築することも必要だ。これらの双方向の関係性を，矢印「⑩連携・協働」「⑪規定・支援」で示した。

要素（キ）…教育課程行政
　カリキュラム・マネジメントは，学校にある程度の裁量権限がないと成り立たない。第1節で述べたような学校の裁量拡大を前提として，各学校には，目の前の児童生徒にとって最適な教育活動を創造していく営み，つまり「特色ある学校づくり」が求められている。「キ.教育課程行政」は文部科学省や教育委員会を指す。行政からの規制もあるが，予算措置や教職員加配，指導主事の訪問，集合研修の実施といった支援もある。学校として，どのような支援が必要なのか明らかにして，積極的に支援を得たい。そのような双方向の関係性を矢印「⑩連携・協働」「⑪規定・支援」で示した。

（4）モデル図を利用した実践分析
　図3.1は，実践を分析する枠組みとして利用可能である。分析することにより，自校の実践の強み・弱みや，改善のために何から手をつければ良いのかを明らかにする。図3.2は，図3.1をもとに分析用に作成したワークシートである（これを拡大コピーして使用可能）。
　つぎに，図3.3に，実際の学校の分析例を示す。〇印の項目はうまくいっていることやよさ，▲印の項目は不足していることや今後の課題である。この分析者は，勤務校は「基本的に熱心」な教職員が「限られた時間を有効活用」したり「校内体制，責任の明確化」をしたりして，「授業改善の取組」を進めることができている点をポジティブに評価している。一方，「見えないストレス，不安感」が教職員にあることや，「目標自体がやや抽象的で実現状況が測りにくい」といった課題を見出している。そして，これらを解決するためには，

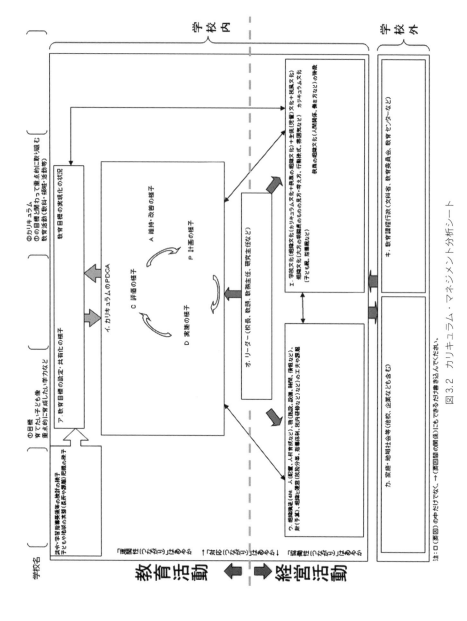

図3.2 カリキュラム・マネジメント分析シート

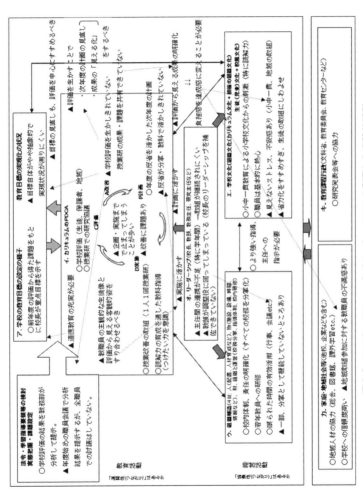

図 3.3 カリキュラム・マネジメント・モデルを利用した実践分析例

第 3 章 教育課程行政からカリキュラム・マネジメントへ

「評価を生かす」ことが有効だと考えている。「目標の見直し」「計画の見直し」「成果の見える化」「授業研の成果・課題を共有」することにより，評価を「計画に活かす」「実施に活かす」だけでなく，教員の「負担感を達成感に変える」ことにも活用できると考えている。この分析図には，元のワークシートには描かれていない矢印が何本も書き加えられている。この矢印は因果関係である。各要素（部分）をバラバラに捉えるのではなく，視野を広げて要素間の関係性（つながり）を発見するのは，システム思考の強みである。

4 カリキュラム・マネジメントの実践事例

（1）カリキュラム管理室を利用した「プラン実践検証サイクル」

「北条プラン」の開発で有名な千葉県館山市立北条小学校のカリキュラム・マネジメントは，1966（昭和41）年に設置された「カリキュラム管理室」の実践に特徴がある[3]。その部屋には，学習プランや関連の資料，出版物が，共有財産として集積されている。そこには，学年，教科，月別につくられた660の引き出しがあるスチール棚が設置され，指導案や教材教具，ワークシート，子どもの活動記録などが指導者の反省やコメントとともに収められている。

同校は学年裁量が大きく，主に学年でカリキュラム開発・実践を行う。昨年度までに蓄積された資料を当該年度の学級担任がそれぞれ2，3教科を分担して読み込んだうえで，目の前の子どもの実態と照らし合わせ，学級担任の願いを込め，工夫を加えて今年度の指導計画を立てる。そして学年で共同実践を行う。単元実施中に学年の担任教諭間で情報交換し，先行した学級の反省・課題を次に実施する学級担任が改善していく。実践結果をもとに，課題や要改善点を学年で話し合い，翌年のために，今年度作成の資料や反省文書を棚に返納する。そして翌年のサイクルへとつなげていく。この過程は，昨年度の実践の評価（C）から始まり，改善（A）・計画（P）・実施（D）したうえで，評価（C）・改善（A）のためのメモまで行うので，CAPDCAサイクルといえる。

このシステムにより，初任者や初めて担当する学年の担任が先輩教員や教科指導のすぐれた教員の考え方や指導技術を学び一定の高いレベルの指導が可能

になる。また，過去の実践という財産と学年教師の協働による単元計画により，教師のエネルギーや時間の効率化を図り，その分，集中的に開発に注力できる余裕ができる。このような実践は同校で半世紀にわたり継続され，教員の指導力向上，新たな実践の開発，子どもの学力向上につながっている。

（2）教育委員会によるカリキュラム・マネジメント支援―「上越カリキュラム」

新潟県上越市では，上越市の教育の「方向性や方法等について統一性・共通性をもたせ，各校の自主性・自立性を生かした教育活動や評価を含めたもの」であるところの「上越カリキュラム」によって（大山　2016），上越市らしい教育の推進に努めている。その際，上越市立教育センター（以下，教育センター）がカリキュラムセンターの役割を担い，市立小中学校のカリキュラム・マネジメントを支援している。教育センターは，学校のためにマネジメント・ツールを開発したり，研修会や情報提供などを行ったりしている。

各学校が活用するマネジメント・ツールの代表的なものは，学校が年度はじめに作成し教育委員会に提出する「グランドデザイン」と「視覚的カリキュラム表」（開発者：戸田正明氏）である。「グランドデザイン」とは，「各学校がそれぞれ自校の教育課題を明確にするとともに，教育方針や教育計画，教育課程全般を示したビジョン」であり，「具体的なマニフェスト」として示される（『上越市総合計画』より）。

「視覚的カリキュラム表」は，図3.4に示すような教科等横断的なカリキュラム表である。縦軸は教科・領域等，横軸は4月から3月までの時間軸が示されており，1学年分の各教科・領域のすべての単元が見渡せるようになっている。教科書改訂時には新たな「視覚的カリキュラム表」のデータを教育センターが作成し各学校に配信する。これを土台に，各学校・教員が自校の教育目標の達成や課題の解決に向けて変更を加える。表の上部には重点目標や育てたい資質・能力が記載されており，このボタンをクリックすれば，その資質・能力を重点的に育成する単元がボタンと同じ色枠で囲まれて表示される仕組みに

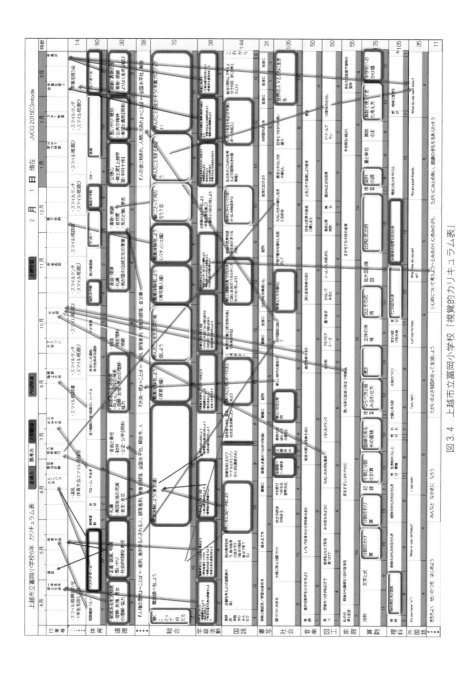

図 3.4 上越市立富岡小学校「視覚的カリキュラム表」

なっている。教員はこのシステムを活用して、授業づくりやカリキュラムの進捗管理および評価・改善を行う。この「視覚的カリキュラム表」は、教員間で共有したり引き継いだりされるのはもちろんのこと、保護者や地域の協力者に配付されたり、「グランドデザイン」とともにウェブサイトに掲載されたりしており、「社会に開かれた教育課程」として社会に共有されるツールともなっている。

> **深い学びのための課題**
> 1. 本章の事例で紹介した上越市や近隣の市町村などの学校のウェブサイトを検索し、グランドデザインや学校評価などから、学校の特徴を比較し、自分ならどの図表を参考にしてみたいかを考えてみよう。
> 2. 上で選んだ学校、または理想とする架空の学校について、カリキュラムマネジメント・ツール（図3.2）を試しに書いてみよう。

注
1) 学術書では「・」がない表記が大半だが、本書では学習指導要領の表記を用いる。
2) これに対して、国家と大学など研究機関が主導して先進的なカリキュラムを研究および開発し、学校現場などへと広める、「研究・開発・普及モデル（Research‐Development‐Diffusion：RDDモデル）」がある（佐藤 1996）。
3) 以下、北条小学校に関しては、筆者による訪問調査のほか、羽島（2011）などを参考にした。

引用・参考文献
大山賢一（2016）「上越カリキュラムで一体的にマネジメント」田村知子・村川雅弘・吉冨芳正・西岡加名恵編著『カリキュラムマネジメント・ハンドブック』ぎょうせい，172-173頁
加藤崇英（2012）「学校の内部評価」篠原清昭編『学校改善マネジメント』ミネルヴァ書房，151-165頁
小泉祥一（2000）「教育課程経営論」日本教育経営学会編『教育経営研究の理論と軌跡』玉川大学出版部，76-90頁
佐藤学（1996）『カリキュラムの批評』世織書房
高野桂一編著（1989）『教育課程経営の理論と実際』教育開発研究所
田中統治（2001）「特色ある教育課程とカリキュラムマネジメントの展開」児島邦宏・天笠茂『柔軟なカリキュラムの経営―学校の創意工夫』ぎょうせい，35-63頁
田村知子編著（2011）『実践・カリキュラムマネジメント』ぎょうせい
田村知子・村川雅弘・吉冨芳正・西岡加名恵編著（2016）『カリキュラムマネジメント・ハンドブック』ぎょうせい
露口健司（2008）『学校組織のリーダシップ』大学教育出版

中留武昭（1984）『戦後学校経営の軌跡と課題』教育開発研究所
―――（1991）『学校改善ストラテジー―新教育課程経営に向けての発想転換』東洋館出版社，54-64頁
―――（1999）『学校経営の改革戦略―日米の比較経営文化論』玉川大学出版部
―――（2001）『総合的な学習の時間―カリキュラムマネジメントの創造』日本教育綜合研究所
中留武昭編（2005）『カリキュラムマネジメントの定着過程』教育開発研究所
羽島真史（2011）「カリキュラム管理室を活用した授業開発（北条プランの今）」田村知子編著『実践・カリキュラムマネジメント』ぎょうせい，186-192頁
堀尾輝久・久冨善之他（1996）『講座学校6　学校文化という磁場』柏書房
マグレッタ，ジョアン／山内あゆ子訳（2003）『なぜマネジメントなのか』ソフトバンクパブリッシング（Joan Magretta with the collaboration of Nan Stone, *What Management Is*" 2001）p.301
メドウズ，ドネラ・H．／枝廣淳子他訳（2015）『世界はシステムで動く』英治出版（原著2008はメドウズの没後に出版された）
文部省編（1975）『カリキュラム開発の課題―カリキュラム開発に関する国際セミナー報告書』文部省大臣官房調査統計課

第4章
カリキュラムの類型・モデルと単元開発

　本章では，カリキュラム（計画）の編成をめぐるさまざまな立場と具体的な方法について歴史的に概略しながら，現代の教育実践につなげていく視座を得ることを第一のねらいとしたい。今や，OECDを中心に，「21世紀型スキル」と称される資質や能力が提案されている。それに応ずるように，各国とも中央主権的に（つまり「上から」の改革として）グローバルな文脈で「スタンダード」が定められ強化されている。

　これまで州レベルや学区単位の裁量や自律性が重視されてきた米国でも21世紀に入ってから本格的に「コモン・コア・スタンダード」が連邦政府レベルで定められ，ナショナル・テストでその結果を可視化させ，予算措置や教員給与と結びつける形で地方教育行政や学校現場を統制しようとする動きも出てきた。これと同様の動きは，日本においても昨今いくつかの自治体で起こっており予断を許さない状況になっている（第2章）。

　カリキュラム編成はなぜかくも政治化しやすく，評価は子どもの学びのサポートや授業改善という主たる機能を喪失し，競争だけを煽られる道具と化してしまうのか。本章では，このような動向がかかえる課題も認識しつつ，カリキュラムの編成，単元の生成から，一コマの授業展開に至るまで，その編成主体はいったい誰なのか，また実際にそこで子どもたちに何が学ばれているのかを読み解いていく視点を提供する一助になることを期待したい。

1　カリキュラムの編成の背後にある子ども観

　20世紀を通じて，子どもをどう捉えるかはカリキュラムをめぐる論争の背後で各立場間の相違点を示すものにもなっていた。19世紀末以降，教育研究

の主要なトピックとして子どもが対象化され,「子ども研究（child study）」[1]を通じて，子どもの発達的，心理的，習慣的特性が量的な統計調査をもとに「科学的に」明らかにされ，子どもがどのようにカリキュラムに位置づくのかについて議論が深められてきた。進歩主義教育を切り拓いたフランシス・パーカー（Parker, F. W.）やジョン・デューイ（Dewey, J.）は，子ども自身の興味や関心が軸に据えられてカリキュラムが編成されるべきだと主張し，客観的な事実知の体系・羅列で構成されていた伝統的カリキュラムからは「コペルニクス的転回」と注目された。

いまだに地球上には厳然と存在するとはいえ，20世紀は児童労働という過酷な状況から子どもを解放することを人類全体で確認してきたし，さらには，市民的自由に代表される「子どもの権利」についても自覚し国際的な合意形成（子どもの権利条約または児童の権利に関する条約，1989年採択）もしてきた。この流れのなかで克服の対象とされた子ども観が「パターナリズム（paternalism）」であった。

（1）発達欠如態と発達現実態

パターナリズムとは，子どもを未熟な存在（発達欠如態）とみなし，その自由や権利が一部制約されることがあっても，大人が諸々代行しつつ，子どもの社会化を促していくという立場である。ここでは，カリキュラムは，まさに，子どもの発達上「欠けている」とみなされる部分を埋め合わせていくコンテンツを提供すべきプログラムとして機能することになる。発達欠如態の子ども観に立つと，その欠如が学校教育により解消された状態が目標とみなされ，理念的には，すべての子どもが規格化された同様の完成形となることがめざされることになる。子どもは，完成形である大人の「部分」，いわば「半人前」を生きているとみなされる。学校教育においてスタンダードを定める発想は，発達欠如態として子どもをみなす典型である。そこに生まれる個人間の違いは，学力達成という名の「欠如部分の補充具合」の差異として表現されることになる。今の学校教育は総じてこの発達欠如態として子どもをみなす見方に立脚して行

われているということも可能であろう。

　果たして，9歳の子どもは45歳の大人からみれば，わずか5分の1の未成熟な存在あるいは大人の部分的存在とみなされるべきだろうか。たとえば，9歳の子どもは身長130センチくらいで知覚できるもので世界を理解しようとし，9歳ぐらいの感性で他者を理解しようと努め，9歳までに積み重ねた経験で問題解決しようとするなど，彼なりにいわば社会参加している。このように，誰か（大人）の部分ではなく，9歳なら9歳のその子らしく今を全体として生きている状態をありのままに，つまり発達現実態として子どもを捉えようとする立場がパターナリスティックな発達欠如態に対置される子ども観である。

　発達現実態として子どもをみる立場に立てば，カリキュラムは，一人ひとりの子どもが今のその子らしさを発揮することを支援し，その子がどのような人・モノ・コトとどのようなタイミングで出会うことで次なる発達や変容が促されるかを見通すものとなり，学校教育はそのような異質な他者どうしがどのように共同的に問題解決していくかを模索する場となるであろう。

（2）a（some）か the か
　英語における不定冠詞 a と定冠詞 the の違いはカリキュラム編成上子どもをどうみるかにおおいなる示唆を与えてくれる。a child（some children）というとき，子どもは特定の子どもをさすのではない。つまり取り換え可能な存在として子どもを捉えることになる。「理数教育に充てる時間を増やせば理数好きの子どもが増える」といういい方は，典型的に子どもを a や some の冠詞で捉えたものである。また，学習指導要領などの行政発信の教育課程はその性格上，この子ども観に立たざるをえない制約があり，それに基づいて編成される各学校の教育課程，また，各教室の授業計画なども a や some で子どもを捉えてしまいやすい傾向にある。

　だが，各学校や各教室では，子どもを固有名と固有の来歴と一人ひとりのもつ性向レベルで子ども理解が可能なはずであり，言い換えれば，たえず the で子どもを捉えられるはずである。その子ならではの，あるいはその子たちなら

ではの学びが生起しているのかに留意してカリキュラム編成に努めてきた「奈良の学習法」（奈良女子大学文学部附属小学校）や，授業観察とその後の授業研究協議を子ども（たち）の固有名とそのエピソードに基づいて遂行し，教師の専門性向上をねらう「当事者主体型授業研究」[2]などは，theで子どもを捉える見方の典型である。

（3）「長幼一体」とみる見方

　子どもを定冠詞theで，しかも，まるごと発達現実態として捉える立場にたつと，おのずと大人，とりわけ教室における教師と子どもとの関係も問われることになる。戦後初期には梅根悟（1903-1980）が，子どもを教師の協力者と位置づけ，ともに生活し高め合い，ともに社会を改善していく「長幼一体の生活学校」を提唱したが，20世紀末ごろから提唱された「学びの共同体（学びあう共同体）」[3]論（佐藤学ら）もこの問題に向き合う教室改革を訴えるものであった。大人も子どもも学びのネットワークの当事者として位置づいており，互いに経験や知をすり合わせてともに問題解決に臨む場としての学校像の提案であった。

　福井県のある小学校教師は，総合的な学習の時間に，環境学習でも平和学習でも子どもに対し「大人からの押し付け」になることを最大限に警戒し，子どもとともに同じ課題に向かって大人としてできることを行い，同時にその姿を子どもたちに見せている[4]。教師は，大人の積み残した未解決な環境問題についてまず次世代の子どもたちに詫びるところから学習の扉が開かれる。そもそも子どもの側には環境問題を解決する積極的文脈がないからである。子どもとともに環境フレンドリーな「田んぼ」をさまざまな農法を試みる大人たちと出会いながらつくりあげていく。その傍ら，教師自身は環境保護NPOとつながり地元自然環境の危機的な状況に対し，一市民として関与していく。人類共通の課題に対し，大人には大人にしかできないことを，そして子どもには子どもだからできることを発揮する場が創られる，まさに「長幼一体」となった問題解決が起こっていた実践の例である。

「長幼一体」は，大人が子どもに迎合した教材を用意することではなく，また，子どもに大人と同じことを疑似体験的にさせること（いわゆる「大人ごっこ」）でもない。互いに，「一人前」で対等な間柄と尊重しつつ，それぞれができる参加を行うことこそが長幼一体となった学びが生じているといえる。
　このように，子どもをどのように理解するか，大人との関係でどのように子どもを捉えるかで，編成されるカリキュラムも，その履歴としての学びもずいぶんと違ってきてしまう。カリキュラムの編成原理を紹介するにあたり，まずは，私たち自身が無自覚にもどのような「子ども観」を有してしまっているのかを改めて確認しておくことは重要である。

2 カリキュラム編成を支える基礎概念

　本節では，カリキュラム編成にかかわる基本的な概念をおさえたうえで，次節で扱う編成原理の二大潮流をなす経験主義と系統主義の概説につなげていくことにしよう。

（1）スコープとシークエンス

　カリキュラムを編成するにあたり，その軸を形成する2つの概念がスコープ（scope）とシークエンス（sequence）である。スコープとは，「範囲」と一般的に訳され，何をどこまで学ぶことになるのかをあらわす概念である。シークエンスとは，「排列」や「順次性」と一般的に訳され，どのような順番で学ぶことになるのかをあらわす概念である。
　カリキュラム編成が専門的な営みであると歴史的に自覚されはじめたのは19世紀末から20世紀初頭の米国においてであった。スコープとシークエンスが概念化されていく契機の1つとなったといえるのが，ヘルバルト主義（Herbartianism）の教育改革運動である（第8章）。日本では明治期の5段階教授法の導入で有名なヘルバルト主義であるが，米国では，中心統合法（concentration）と開化史段階説（culture epoch theory）の2つの理論の導入でカリキュラム論争を巻き起こした。中心統合法はカリキュラム編成法の1つであるがおお

むねスコープを表現するものであり，開化史段階説はシークエンスに対応している。歴史・文学といった学習領域（教科）を中心に据えて，それとの関係において他領域の学習の範囲（スコープ）を決定していく。どこまで学ぶのかは，中心である歴史・文学と関連がつけられるかぎりというのが原則となる。開化史段階説は中心統合法と不離の関係にあり，歴史・文学を学ぶ順次性は，生物学の反復説（個体発生は系統発生を繰り返す）にならって人類文明発展史を追体験するというものであり，文学作品『ロビンソン・クルーソー物語』で未開状態を学んだあとは，古代文明から中世，近代へと進級にあわせて学習を進めることが子どもの発達ともアナロジー関係にあると考えられていた。このヘルバルト主義のスコープとシークエンスの提案は，その後，何が学ぶべき内容となるのか，それをどのような順番で学ぶのかについてとりわけ進歩主義教育者を刺激して激論を引き起こすことになったのである。

（2）領域論と機能論

　続いて，カリキュラムが編成される形式上のあり方について2つの立場を紹介したい。それは領域論的立場と機能論的立場である。

　領域論とは，教科や諸活動がそれぞれ明確な体系・範囲をもってそれぞれ固有に扱う時間・空間を求めるカリキュラムの形態を意味している。諸教科（諸科目）・特別活動・総合的な学習の時間などが縦割りに示される日本の学習指導要領は領域論カリキュラムの典型であるといえ，大領域は単元レベルまで分節化され，さらには単位時間（一般に45分ないし50分，最近では15分単位などの柔軟化・モジュール化もされている）の制約をうけながらいっそう細かく段階化されて「本時」の展開に至るまで領域論的立場が貫徹されている。学校では，決められた時間枠（いわゆる「時間割」の設定）と場所で国語の「物語文」を学んだと思ったら，次の時間枠には全く別のトピック，たとえば音楽でリコーダーの合奏について場所をかえて学んでいく。そこにはおよそ連続性も関連性もないに等しい。

　いっぽう，機能論では，明確な領域をもたない総合的・融合的・全体的な活

動や経験のなかで，これまた分かちがたいさまざまな知や技能などが（気がつけば）獲得されていることが想定されている。実際には機能論カリキュラムが事後的にではなく事前に表現されているのを確認することは困難であり，とりわけどの国においても公的カリキュラムはおよそ「領域論」（つまり，国語・数学・理科・外国語…のように）で示されているのが通例である。とはいえ，すべての領域を排して文字どおり「総合的な学習」として実践するという構想や研究開発も一部では行われてきたし，学校外での私教育では大胆に取り組まれている例もある。インフォーマル（非定型的）な「遊び」のなかでの子どもの学びや育ちを想起すると機能論カリキュラムのイメージは立ちやすいであろう。

　たとえば，南仏のとある公立小学校の低学年で，平日の午前中に「洞窟探検」にみなででかけて昼前に帰ってくる，という実践を筆者は観察したことがある。洞窟において，子どもたちは，石を拾ったり，化石ではないかと想像したり，歩いてかかった時間を先生にたずねたり，同行した日本人のことや文化についておしゃべりしたり，「洞窟探検」の活動のなかには実にさまざまな要素が含まれていた。もちろん，フランスの小学校は国定カリキュラムに従い厳格な課程主義（修得主義）に立っているので，カリキュラムそのものは領域論で示されている。だが，放課後，教師は，朝方の洞窟探検でのそれぞれの子どもの気づきや理解などを思い出しながら，国家基準に則した一人ひとりの評価ファイルにて，たとえばマルセル君のファイルでは「化石のことがわかっている」という理科の項目を彼の学年に対応した蛍光ペン色で塗りつぶしていた。当のマルセル君は領域論的に「理科」の授業で化石のことを学び試験を受けて合格したわけではなく，洞窟探検にみなで出かけ，化石を話題にしたのを教師がみとったというきわめて機能論的な学び（の確認）があったということなのだ。そこでは，形は領域論カリキュラムではあるが，機能論的に展開しうる実践事例が示されていることになり，領域論カリキュラムだからといって日本の一般的な時間割体制のように実践展開の細部にまで領域論が貫徹される必要もないことに私たちは気づけるであろう。

　領域論と機能論の対立といえば，古くは道徳教育の位置づけをめぐっても激

しい論争が起こったことは有名である。道徳は「道徳の時間（いまでは，「特別の教科 道徳」）」のように明確な一領域として設置すべきであるという立場と，領域論的に設置せずとも，ほかの学習領域での学びや学校生活も含む教育活動のなかで自然と行われるべきであるし行われてもいるという機能論的立場（全面主義ということもある）との間に論争が起こったが，1958（昭和 33）年の学習指導要領以降，公的なカリキュラムでは道徳教育は機能論的側面にも言及しながらも厳然と「領域」として表現されつづけている。

領域論カリキュラムの存在は，カリキュラムとはこなすべき「課程」の羅列やマップであるとの予断を私たちに与える。カリキュラムの再編は，いったん領域化され分断されたカリキュラムの融合や統合，厳選や精選，往還関係や相補関係などを議論してきたのであって，そもそも領域論カリキュラム自体の是非については根本的な議論が強くなされてはこなかったといえる。

つぎに，こうした違いが生まれるもとにあるような原理をみていこう。

3 カリキュラムの編成原理

（1）経験主義，その概要

カリキュラムを編成するにあたり，子どもの生活や子ども自身の積み重ねる経験を重視しようとする立場がある。そのような立場を一般的に経験主義（経験主義教育）と呼ぶ。つまり，スコープは子どもの生活の広がりや興味・関心の広がりにより見定められ，シークエンスは，子どもの発達や子ども自身による課題解決や関心の展開，子ども自身のもつ必要感に依存すると考えるものである。

経験主義教育は，一般に，18 世紀，ルソー（Rousseau, J. J.）が子どもの自発性・内発性と外部の自然との矛盾のない関係に注目した消極教育論[5]にその出発点が見いだされることが多い。

この流れは，19 世紀末の米国において，デューイがシカゴで実験学校（1896〜1903 年）を展開したことで大きく注目されることになった。この学校では，教科書による知識注入は否定され，教科の区分も撤廃されて，「なすこ

とによって学ぶ」(learning by doing) ことが強調され，子どもの直接的経験や諸活動により学びが展開されていた。それゆえに，実験学校の経験主義への着目はその後の米国の進歩主義教育運動をひらくものとの理解も一般的になされている。その成果は『学校と社会』(1899年) にて公刊され，経験主義教育，とりわけ子ども中心主義教育の先駆的取り組みとして歴史的にも評価されてきた。とはいえ批判も多く，デューイの実験学校がどれほど牧歌的な子ども中心主義だったのか，あるいはどれほど進歩主義教育の系譜と位置づけられるのかは，目下，実験学校への実証的研究が進んでおり，その解明が期待されている。そのほかにも，ドクロリー (Decroly, J. O.) がベルギーで始めた実験学校，米国のドルトン・プラン (Dalton Plan)，ウィネトカ・プラン (Winnetka Plan) など，20世紀のはじめに欧米の各地で経験主義教育の取り組みがなされ，いずれも旧弊で伝統的な知識注入主義に対して，総じて「新教育」運動と称されることがある（第1, 8章）。

　日本においても，大正期に欧米の経験主義に学んだ先進的な実践が，私立の「池袋児童の村小学校」や「成城小学校」などで取り組まれたが，第二次世界大戦後，米国の影響を強く受けた経験主義教育が席巻し（戦後新教育と称されることもある），学習指導要領試案（1947年版）やコア・カリキュラム連盟（コア連，のちの日本生活教育連盟＝日生連）などの民間教育研究団体により具体的なカリキュラム編成案が紹介され実践された。しかし，基礎学力定着を不安視する世論も手伝いながら，新教育に対しては厳しい批判の眼が向けられた。子どもの興味・関心で規定されるスコープとシークエンスでは体系性のない断片的な知の獲得にとどまること，読み書き計算（3R's）といった基礎的技能が新教育では用具的領域とされたことなどが問われた。また，子どもの興味・関心に支えられた問題はどの程度「生活」と結びついたものなのかといったその「生活」の質そのものに向けられた批判が代表的であり，それらは総じて「はいまわる経験主義」批判（矢川徳光）として知られている。

　つぎに，歴史的に登場した具体的な経験主義的単元開発法をいくつか紹介しよう。

（2）問題法（problem method）

　経験主義に基づくカリキュラムの構成のあり方の1つに「問題法」がある。19世紀末から20世紀初頭にかけて，米国における伝統主義への批判は，カリキュラムの編成にかかわる議論と並行して授業形態をめぐる議論も巻き起こっていた。伝統主義的な知識注入のカリキュラムに直結していた授業形態はレシテーション（recitation：復誦)と呼ばれ，それ自体，教室での日常の学習を意味していた。つまり，学校での学習＝レシテーション，おうむ返しによる暗記学習をすることであるというイメージの定着である。

　ここから一歩抜け出したのが口頭教授による問答法で，教師の発問とそれに応ずる子どもという基本型が生み出されたわけだが，これはテキストや教師の言をただ復誦するだけの従来型に比べると画期的な進展であった。経験主義カリキュラムを模索する進歩主義教育の萌芽期においては，問答法の「問い」の質を問い直し，子どもからの素朴な問いあるいは子どもの興味と符合する（社会的な）問いを据えてその解決をうながす一連の学習のまとまりを単元として構成する動きへと発展した。それが問題法である。

　のちに問題解決学習（problem solving）としても流布するようになるものだが，日本においては，日本生活教育連盟の教師たちが掲げた「日本社会の基本問題」（1955年）をもとにした実践などがその代表例となる。教師の発する問いへの受け身的な学習に終始することなく，子ども自身が解き明かしたい問いとして内に切実性をもちながら，実験主義的・発見学習的・探究的なプロセスを経て，その解決をもって一連の学びのまとまり＝単元とみる立場は，経験主義教育の典型であるといえる。

（3）プロジェクト法（project method）

　問題法（とりわけ問題解決学習）のさらなる発展の単元構成法として，プロジェクト法がある。農業教育分野で20世紀転換期からローカルに用いられていた概念ではあるが，1918年，ニューヨーク市のコロンビア大学ティーチャーズ・カレッジのキルパトリック（Kilpatrick, W. H.）がデューイの経験主

義教育の具体化をもくろみ，附属学校で実践・検証した単元構成法がプロジェクト法の本格化へとつながった。そこでは，子どもの自己計画に基づく目的的活動（purposeful activity）中心のカリキュラム（目標設定，計画，遂行，評価のすべてを子どもに任せる）が提唱された。学習結果である問題解決や知識・技能の獲得よりも，付随学習（concomitant learning）と意味づけられる自立心，無私の精神，協働などが重視され，子どもの性格や態度形成に主眼がおかれた単元開発であったといえる。

このように，問題法をよりラディカルに子ども中心主義化させたプロジェクト法は，教科のもつ論理的体系の軽視と教師による放任主義傾向が疑問視されるとともに，安易に態度主義に陥る経験主義教育の実践形態の典型例とみなされるようにもなり，後述する系統主義的立場と厳しく対立する1つの軸を形成することになった。

（4）系統主義，その概要

経験主義カリキュラムに対する批判意識をふまえ，科学・技術の知の体系の獲得や既存の大人の社会への適応に必要な知の体系の獲得を軸にして，それを子どもの発達段階に対応させる形で布置しようとする立場を一般に系統主義と称する。とりわけ科学を重視する系統主義では，スコープには科学・学問の基礎的な観念が位置づき，シークエンスには科学・学問の論理的な順次性すなわち系統性が規定することになる。子どもの興味や関心が前提となってスコープとシークエンスを決定するのではなく，子どもとは離れて客体的に存在する学問知の体系が両者を決定するのである。そこでは子どもは学問や知に対して受動的な存在を余儀なくされることになる。それゆえ，経験主義教育の典型である子ども中心主義に対して学問中心主義と呼ばれることもある。

ブルーナー（Bruner, J. S.）は，1960年代当時の「現代的な」科学が解明しつつあった学問の「構造」（structure of discipline）におおいなる信頼を寄せて，その構造がカリキュラムに取り入れられる必要性を主張した[6]。単に，易から難へ，特殊から一般へといったシークエンス原理ではなく，それぞれの学問

領域の基本的な観念を理解したなら，未知なる問題に対して既知の事項を駆使して解決に至ることができるゆえに，構造的な系統性（別の意味でのシークエンス）を重視する必要性を示したのである。ブルーナーはデューイのように生活経験に結びつけたところで子どもの興味の喚起を見いだすことには懐疑的で，子どもの興味は学問の「構造」を重視するカリキュラムを学ぶなかでむしろ創り出されていくという側面を強調し，経験主義教育サイドからの批判を退けた。

　学問的な系統性という意味では厳密には性格を異にするが，子どもとは離れる客体的な知の存在とそれに基づくカリキュラムを構成することから，社会の要求を重視するカリキュラムも広く系統主義的立場として理解されている。大人の生活を理念型として，それに順応していくためには何をどのような順番で学んでおく必要があるかを考究する立場は，社会的効率主義（social efficiency）とも呼ばれる。この立場は，上述の学問中心主義よりも時代は古く20世紀初頭にキルパトリックらの子ども中心主義の興隆に対する批判意識から理論化が進められた経緯がある。

　社会的効率主義の代表例は，ボビット（Bobbitt, J. F.）やチャーターズ（Charters, W. W.）の活動分析法（activity analysis procedure）[7]であり，このボビットの方法はカリキュラムの科学的研究の創始とも評価されている。活動分析法は，伝統的な教科カリキュラムの内容が現実生活と乖離していることを問題視して，理念的な大人の生活を客観的に分析することでプラクティカル（実際的）なカリキュラムの編成を行うことをめざした。具体的には，当時の新聞や雑誌などの使用語彙やトピックを量的に調査し，その結果，大人たちの10の社会活動を取り出した。それらは，言語活動，健康活動，市民活動，一般社会活動，余暇活動，精神衛生活動，宗教活動，家庭的保護活動，一般実際活動，職業活動とカテゴライズされ，これらをもとにしたカリキュラムの内容選択と排列が提案された。チャーターズは，さらに大人の仕事を対象化して，実際の大人の職務記録から教育内容を目標化して析出した。

　また，バグリー（Bagley, W. C.）は，子どもたちが社会適応するために最低必要限に知っておくべきことがあること（minimum essentials）を主張し，エッ

センシャリズム（essentialism：本質主義）と呼ばれた。いずれにせよ批判も向けられ，既存社会への効率的な適応を旨とするこのような立場は，テーラー・システム（Taylor system）[8]に子どもたちをのみ込んで，彼らの批判的思考を減衰させ，（当時の）産業主義のかかえる矛盾に気づくことが困難になってしまうと，社会改造主義（social reconstructionism）から厳しく批判されることになった。

（5）社会機能法と同心円拡大法の融合

以上みてきたように，経験主義的立場と系統主義的立場という2つのアプローチの違いは，カリキュラムの編成原理を越えて，その子ども観，教育評価観，さらには教師像，社会像など多くの点で異なっており，翻って，その違いがミクロには後述する単元開発や授業における教師の発問の質に至るまで影響を及ぼすことになる。

だが，実際にはそれほど明確に両者は分かれ対立していたのかといえば必ずしもそうとばかりはいえない。活動分析法や仕事分析の発展である社会機能法は，現実の「社会問題」を「生命や財産の保護」「生産と配分」などの社会機能と結びつけて整理したが，それをスコープとしながら，シークエンスとしては子どもの経験の拡大（子どもの身近な生活空間から始めて徐々に時空間を拡張した内容へと経験を進めていく「同心円拡大法」）が軸とされたカリキュラム編成が提案された。日本の戦後新教育，とりわけコア・カリキュラム運動にも大きな影響を与えた「カリフォルニア・プラン」（1930年），「ヴァージニア・プラン」（1934年）などは，スコープとシークエンスのそれぞれの主体を機能的に区別することでまさに両者の調停を図ろうとした試みであったといえよう。

（6）日本の戦後教育課程にみる編成原理の揺れ

わが国の第二次世界大戦後の教育課程政策は，主には教育内容の選択と配置をめぐって，経験主義教育と系統主義教育の2つの軸をもちながらその間を揺れ動いてきた（序章，第2章など）。小学校の学習指導要領を想定しても，1947

(昭和22)年はきわめて経験主義教育に力点をおいていたが，1958（昭和33）年に法的拘束性を有して以降，幾度か改訂を行いながらもかなり系統主義教育の強化・整備を重ねていく歴史となった。1960～70年代は，いわゆる「教育内容の現代化」の時期にあたり，系統主義カリキュラムの編成が学習指導要領でも民間教育研究団体でも積極的になされた時代であった。また，系統主義カリキュラムのほうが知の選択・管理が行き届くという意味で中央集権的統制が効きやすいというのも行政側の選択の背景にあったにちがいない。その意味でも，経験主義か系統主義かの対立はときに政治的なリベラルと保守との代理論争にもなりがちであった。

　だが結果として，系統主義教育下での受験・進学過熱傾向は行き過ぎた知育偏重主義を招き，いわゆる「落ちこぼれ」や「落ちこぼし」（ふきこぼれ），校内暴力やそれに応ずる厳しい管理主義教育という教師の硬化などネガティブな状況を引き起こすことになった。その反省から1989（平成元）年以降は新しい学力観（新学力観）の標榜のもと経験主義教育の重要性が顧みられるようになった。1998（平成10）年以降の改訂では，内容の系統的選択の議論はやや後退し，むしろどのように学ぶのか（教えるのか）といった教育方法の経験主義教育化が指向され，「総合的な学習の時間」の導入や「言語活動の充実」をめざすなどその傾向は強められてきたが，基礎学力の低下への世論的懸念やOECDをその発信源とするグローバルに承認されてきたさまざまなコンピテンシーへの対応から2017（平成29）年改訂ではあたかもこれまでの二項対立を調停するかのように，3つの資質・能力（何を知っているか，何ができるか〈個別の知識・技能〉，知っていること・できることをどう使うか〈思考力・判断力・表現力など〉，どのように社会・世界と関わり，よりよい人生を送るか〈学びに向かう力，人間性等〉）[9]を位置づけ，アクティブ・ラーニング，つまり「主体的・対話的で深い学び」を強調しながら，系統主義と経験主義の実践的統合を学校現場に求めるものとなっている。

4 カリキュラム編成の諸類型

本節では視点を変えて，編成されたカリキュラムのモデルをいくつかに分類し，それぞれの特徴を略説していくことにしたい。

（1）教科（領域孤立型，isolated）カリキュラムと相関カリキュラム（correlated curriculum）

教科分立カリキュラムとも呼ばれ，人文科学であれ，社会科学であれ，自然科学であれ，「親学問」の領域と相応する形で教科や科目も分類されるという考え方である。このように「分化」されて示されたカリキュラムにおいて，領域相互の関連を意識して取り扱うこと，たとえば，「密度」の問題は，算数・理科・社会でも同時期に相互関連させて学ぶよう組織する，などは典型的な相関カリキュラムの事例といえる。

（2）コア・カリキュラム

1947（昭和22）年の学習指導要領（試案）において，学校や教師によるカリキュラム開発が奨励されるようになり，全国的なカリキュラム改造運動（いわゆる「カリキュラム・ブーム」の時代）で注目された相関カリキュラムのラディカルな形態がコア・カリキュラム[10]だった（第1，6，8章など）。このカリキュラム編成の形態上の分類のルーツはヘルバルト主義の中心統合法や，先述した米国のカリフォルニア・プランやヴァージニア・プランなどにあるが，日本の戦後初期に主張されたコア・カリキュラムは，カリキュラムに，生活活動を広め深めることを目的としたコア（中心となる内容）＝中心課程（単元学習）を設けて，その目的達成の手段として必要な道具（用具）として教科の知識，技能を教える周辺課程をおいて，全体として総合的で有機的な関係を実現しようとしたものである。このカリキュラムは実践による分析を経ながら，三層四領域論（横の三層：基礎課程または系統課程・問題解決課程・生活実践課程，縦の四領域：表現・社会・経済（自然）・健康，これらのマトリックス）として結実していく（図6.1）。

(3) 融合カリキュラム（広領域カリキュラム）

相関カリキュラムは共通「事項」の関連を重視したものであったが，関連性の強さから領域の再編を図ろうとするアプローチがある。奈良女子大学文学部附属小学校（旧・奈良女子高等師範学校附属小学校）が伝統的に「なかよし」「けいこ」「しごと」と3つの大領域に分類したうえで，「けいこ」が分化（分科）的展開をとるのに対し，「しごと」が社会科や理科などの諸領域を融合させて総合的な展開をしているのはこの形態の典型である。

また，1989（平成元）年の学習指導要領で新規に設定された「生活科」は小学校低学年の理科と社会科を融合させたものであるし，2018（平成30）年の高等学校学習指導要領で提案された「数理探究」は，スーパーサイエンスハイスクール（SSH）事業の取り組み事例なども参考にしつつ，数学と理科の知識や技能を総合的に活用して主体的な探究活動を行う新たな選択科目として，数学と理科を融合させたものである。このような融合カリキュラムは広領域カリキュラムと呼ばれることもある。

(4) クロス・カリキュラム

何らかのトピック，たとえば「環境」で，「田んぼと里山自然の関係」にかかわる学習を進めるにあたり，（共通事項を複数領域で関連させる相関カリキュラムとは異なり）そのテーマに貢献する各領域の「知」を同時期に調整して結集させて展開しようとするアプローチがある。この場合，理科で食物連鎖や生態系，流水の働きを学び，社会科では農業の課題や生産性，物流，気候の特性，農法の歴史的な発展過程，人口動態などを学び，そのほかにも家庭科や道徳などの関連事項を調整して，大テーマに迫るものである。このような横断的方法をクロス・カリキュラムと呼び，教科カリキュラムの縦割りの弊害を取り除く指向性をもつと同時に，学習の総合性を強調する立場であるといえる。

(5) 経験カリキュラム（生活カリキュラム）

先述した経験主義教育に基づくカリキュラムであり，生活カリキュラムと呼

ばれることもある。もっともラディカルな経験カリキュラムは経験主義的なその立場どおりスコープもシークエンスも子ども中心に，すなわち，子どもの日常生活上の興味やニーズをもとに決まっていくというものになる。保育園や幼稚園などの就学前段階でのアプローチはこの経験カリキュラムが広くとられている。

　プロセスでありかつねらいでもあるのは，子どもの十全な社会参加である。教科の存在を前提としないゆえに，体系的に文化遺産を継承することができないとの批判が向けられるが，実際は，十全な社会参加を促す「目的的な経験」を指向しているために教科知や科学知が決して無視されているわけではない。生活文脈や自身の経験の連続性に齟齬をきたさないよう，つまり絶えず状況に埋め込まれた形で，必然性をもって科学知を学ぶことが重視されているのである。教科という領域的存在がスコープとシークエンスのみならずその教授方法・学習方法まで規定してしまっていることへの批判意識に立っているのが経験カリキュラムであり，いわゆる教科学習においても経験カリキュラム的に展開している事例も数多くある。経験カリキュラムという言葉は，元来カリキュラム編成の概念ではあるが，子どもが「自分事」として切実に学ぶことができる方法の選択や環境設定をも含んで実践的に用いられることが多いと言えよう。

5 単元開発
（1）教育内容と単元開発
　教育内容は私たちの生きている社会や文化から，価値や理念としての教育目的に照らして選び取られたものである。誰により選び取られたものなのかを，教育者とみるのか，子どもとみるのか，あるいはその共同作業とみるのか。つまりカリキュラムの編成主体を誰とみるのかは常に問われつづけているし，教育者といっても，政府，地方教育行政機関，学校，個々の教師なのかをめぐっては政治的な争点となっている。現状では，日本国憲法や教育基本法で示された価値や理念すなわち教育目的を達成するため，文部科学省により教育課程の基準として学習指導要領が定められている。これは，そもそも私たちあるいは

子どもたちが今の社会から価値あるものとして切り出し選び出してくる主体的立場にはなく，公的に定められたもの＝既成のものとして与えられる状況にあるということを意味している。

　教育内容は教育目標として分析されて示される。そして，上述したように，カリキュラムは，スコープとシークエンスにより構造化される。その構造化されたカリキュラムのなかでまさにスコープとシークエンスが結節するひとまとまりの学習単位を単元と呼び，一般的に数時間程度（大単元になれば数十時間に及ぶこともある）の時間配分で構成される。つまり数週間や数カ月にわたるカリキュラムになる。ここでこそ，教師の専門的力量が問われ，教師は次の4つの次元で単元構想を練ることになる。

- 教育内容・教育目標＝何を教え・学ぶことで何を達成しようとしているのか（どのような学力を形成しようとしているのか）
- 教材・教具＝どんな材（教材あるいは学習材）を介して学ぶのか
- 教授行為・学習（授業）形態＝どのような環境・設定でどのように学習者に働きかけるのか
- 教育評価＝どのような方法で学習のプロセスと到達点をみとるのか

　このような単元構想の視座にたったとき，工学的アプローチ[11]の原型とも考えられる「タイラー原理」[12]が助けになる。タイラー原理自体は広くはカリキュラム開発を念頭においたものであるが，単元や授業の開発レベルでも基本的な「原理」を提供してくれる。タイラーは，①「学習者についての研究」「現代生活についての研究」「教科の専門家から得られる示唆」に基づいて目標を設定する，②目標を達成するために必要な教育的経験を明確にする，③これらの教育的経験を効果的に組織する，④目標が達成されているかどうかを評価する，という4段階で捉える。④の段階を重視して教育評価論が成立するが，評価は教育目的から導出された目標を規準とすることで，評価が測定行為にのみこまれ自己目的化してしまうことに警鐘を鳴らす役割も果たしてきた。

（2）「逆向き設計論」の示唆

近年，ウィギンズとマクタイ（Wiggins, G. & McTighe, J.）は，カリキュラムや単元の開発時には「逆向き設計」（backward design）の視点をもつべきだと提唱する。到達すべき目標はすなわち教育の結果となるはずであり，そのことが確認できる証拠＝評価方法を先に構想する。そのうえで，そのような評価に耐えうるような，つまり証拠として確認できるような経験の組織化や教授方法を構想する。つまり，評価を出発点にして通常とは逆向きに単元を構成していくことから「逆向き設計」論と呼ばれものである。

ウィギンズとマクタイは，評価に閉じたカリキュラムや単元を主張しているのではなく，そのねらいを汎用性が高い重要な概念（すなわち「永続的理解」）といった高次な活用型の学力の獲得と捉え，それをパフォーマンスなどの具体的レベルで証拠として捉えることの大切さが示唆されている。それが可能になることは，教育活動そのものが明確化され，教師によるリアルで真正な評価が授業展開と重なることを意味する。子どもの学びを見逃さず，それを直ちにカリキュラムの改善につなげていくダイナミズムを有する「逆向き設計論」はまさに評価を生かしたカリキュラムや単元の開発といえるだろう。

（3）「総合的な学習の時間」の登場と単元開発のゆくえ

日本における「総合的な学習の時間」の登場（1998）は，教育内容の選択はもちろん，カリキュラムや単元の編成主体に学習者である子どもを巻き込んでいくラディカルさをもっていた。だが，教育課程の度重なる改訂のなかで，そのラディカルさはやや後退してしまった。流布した実践に倣う傾向をみせながら，学習指導要領に例示された環境問題，福祉，国際理解などに取り組めばよいとの教育者側の定観が働き，もはや子どもとともに創り上げていくダイナミズムは失われつつあるといえるかもしれない。今一度，「総合的な学習の時間」のようなカリキュラム編成そのものを当事者たちの手に引き寄せる領域の存在を評価しなおす必要があるだろう。

既存のプログラムや体系としてのカリキュラムを凌駕し，まさに長幼一体と

なって共通の問題の解決を教師（大人）も子どもも志向しながら，日々自分たちの実践・足跡を省察しつくり変えていくなかで，学びの基本的な筋道や技法を文脈的に理解し獲得していく—そのような可能性に満ちた単元開発が何も「総合的な学習の時間」に限らずとも機能論的に試みられるような場と時間が学校には必要であることは間違いないだろう。

　本章では，カリキュラム編成の原理にかかわるさまざまな立場（その子ども観も含む）と具体的な編成の類型を中心に概説してきた。経験主義と系統主義のおおまかな二項対立はいまでも存在するし，教師が発する問い1つにもその背後にどのような立場性があるのかが自ずとにじみ出てきてしまうものでもある。だが，理論的には相いれない両者であったとしても，実践的には軽々と両者を架橋し，意味のある経験の場を創り出す教師も多い。ゆえに，カリキュラム論は，本章のような理論上の整理と併行して，絶えず実践の事実を解釈する眼も内にもちながら発展させられていくべきものであるといえよう。

　また，このように類型化してみたり，開発の手法の概略を学んだりすると，20世紀以降，私たちがカリキュラムを構想するときの「クセ」や「型」のようなものの存在に気づかされる。順不同に列記するが，環境（問題）教育，福祉教育，食育，性的マイノリティ，いくども重なる自然災害や子どもが被害者となる犯罪への対応として防災・安全教育，キャリア教育，ものづくり教育，ESD，裁判員制度とからんだ法教育，18歳選挙権とからんだ政治教育，小学校中学年からの英語活動，プログラミング教育—などこれらは既存の教育課程には落ち着かないものばかりであると同時に，大人のかかえる，あるいは大人がつくり出し次世代に遺してしまった社会問題も多く含まれていることに気づくであろう。

　これら国民全員あるいは「地球市民」として全人類が向き合わねばならない課題が「長幼一体」のコミュニティを創り出す努力もなされないまま，それどころか，どれも実際には時間的措置が十分になされているとはいいがたいままで導入がなされてきている。まさに往年の活動分析法による構成のように，

「今の社会がかかえる問題だ」と大人が認識すれば，ただちに，直接的に，雪崩を打ってカリキュラム化されていくような，思想や原理を欠いたそのような編成にかかわる傾向（「クセ」）を私たちはここで冷静に批評する眼をもたねばならない。

カリキュラム編成を問うことは，すなわち学校の存在意義をソフト面から問うことでもあるといえる。自明で常識的であると考えている教育内容の選択についても，「本当にこの内容は，この単元は子どもたちに必要なのか」「この内容，単元で学びうることはこのことだけなのか，何か見逃してはいないか」などと立ち止まって考える必要があるし，実践家の立ち位置にあるならば「考え続ける」必要があるだろう。

深い学びのための課題

1. カリキュラム論の歴史的経緯のなかで対立してきた経験主義教育と系統主義教育ではあるが，その理論的あるいは実践的な調停を試みた遺産も多い。それらを改めてたずね，調べながら，どのような立論がなされているのか，また近年，国内外でどのような実践が行われて子どもの主体的な学びにつながっているのかなど検討してみよう（第1，8章も参考に）。
2. カリキュラム編成にかかわるマクロで理論的な議論と，単元開発や授業案作成といったミクロなレベル，さらには実際の授業実践のレベルが果たしてどのように関連しているのか，あるいは「授業研究」などを通じてそれらを関連づける努力がなされているのかを諸事例に基づいて検討してみよう（第1，8章の図表も参考に）。

注
1) スタンリー・ホール（Hall, G. S.）ら心理学者により，教育心理学や児童心理学の地平が拓かれた。
2) 鹿毛雅治・藤本和久編著『「授業研究」を創る』（教育出版，2017年）で，理論的背景に加えて実際の実践事例をもとに解説されている。
3) 佐藤学『学びの共同体の挑戦—改革の現在』（小学館，2018年）にその先駆的取り組みから現代の「主体的・対話的で深い学び」に至るまでの「学びの共同体論」のレビューと目下の実践改革が学べる。
4) 日生連の月刊誌『生活教育』（生活ジャーナル社）には谷保裕子教諭による環境学習や平和学習などの実践が複数取り上げられている。

5)『エミール』(原著1762年；邦訳1962年，岩波書店など) において,「万物を創る者の手をはなれるときはすべてはよいものであるが，人間の手にうつるとすべてが悪くなる」と述べられている。
6) ブルーナーの1960年代の著作は『教育の過程』(岩波書店，1963年),『直観・創造・学習』(黎明書房，1969年) などが邦訳され，日本の「教育内容の現代化」の理論的支柱を与えることになった (第1章)。
7) チャーターズはボビットをさらに発展させて「仕事分析 (job analysis)」のレベルでカリキュラム開発を試みた。
8) 自動車工場などの大工場で採用されている流れ作業による生産効率化の科学的経営管理の原理。
9) 2015 (平成27) 年8月に出された論点整理 (中央教育審議会=中教審の教育課程企画特別部会) による。
10) 昨今，医療教育や教職課程で使用されているコア・カリキュラム (またはコアカリキュラム) というタームは，高等教育の質保証の議論の一環で登場し，最低限取得すべき科目とその内容を明示したものをあらわす傾向があり，相関カリキュラムをめぐる議論とはやや性格を異にしている。
11) 1974 (昭和49) 年，文部省がOECD (経済協力開発機構) との共催で開いた「カリキュラム開発に関する国際セミナー」でアトキン (Atkin, J. M.) は，カリキュラム開発の2つの立場，工学的アプローチと羅生門的アプローチを解説した。近代の工場システムをモデルとする工学的アプローチと，固定化された目標にとらわれず多様な展開と多様な解釈や物語化を生み出す羅生門的アプローチとが対置された。
12) タイラー (Tyler, R. W.) が, *Basic Principles of Curriculum and Instruction* (University of Chicago Press, 1950) で提唱した。

引用・参考文献

石井英真 (2017)『中教審「答申」を読み解く―新学習指導要領を使いこなし，質の高い授業を創造するために』日本標準
梅根悟 (1951)『新教育への道』〈改訂増補版〉誠文堂新光社 (『梅根悟教育著作選集』明治図書，1977年にも所収)
鹿毛雅治・藤本和久編著 (2017)『「授業研究」を創る』教育出版
佐藤学 (1990)『米国カリキュラム改造史研究―単元学習の創造』東京大学出版会
――― (2018)『学びの共同体の挑戦―改革の現在』小学館
田中耕治 (2008)『教育評価』岩波書店
西岡加名恵 (2016)『教科と総合学習のカリキュラム設計―パフォーマンス評価をどう活かすか』図書文化社
ブルーナー, J.S./鈴木祥蔵・佐藤三郎訳 (1963)『教育の過程』岩波書店

第5章
自主編成と学校づくり―私立高校のケース

　筆者の勤める学校は，生徒数1000名，私立の男女共学校（元女子校）である。教育目標として『人間の尊厳を大切にする』ことをかかげ，三者協議会で生徒・保護者・教職員が対等に学園の問題を話し合い，生徒を中心に，三者の協同を大切にした学校運営をめざしている。学園のなかに「教育研究と教育実践の自由」を生かし，各自が授業改革に自由に取り組む気風もある。しかし，このことは，すんなり実現したわけではなく，90年ほどの歴史のなかで，学園の存続を問われる危機を二度経験し，教職員が中心になりながら，生徒，保護者と協力して克服してきた歴史がある。筆者の体験にもふれながら，歴史をたどり，与えられた標題に迫っていきたい。

1 学校づくりにおける二度の存続危機
（1）私立学校法下での再出発
　一度目の危機は，私学が私立学校法の下で，個人経営から公的な組織へ脱皮を図ろうとしていた時期に，理事者が校舎改築の資金繰りに失敗し，校地校舎のすべてが債権者に渡る。そして，1970年には，新入生を募集できないところまで追い詰められた。在校生は，行政の指導もあり，他私学へ紹介されて，転校していった。そのなかで，中学生を中心に50数名が，4月になっても転校手続きを取らず，学園に残った。その事態が社会的に問題になることをおそれて，債権者が折れた。交渉の末，「3階建て6教室」の校舎を学園が確保し，組合出身者を中心に理事会も再構成して，学園は再出発した。1975年，筆者が就職したときは，各学年2クラス，専任教員15名の小さな学校だった。教職員は，財政的な面もあり，多くは若いメンバーに入れ替わっていた。入学生

は，学園の存続闘争の支援者の子弟もいたが，学校として必要な施設を備えていない現実もあって，中学生は希望すれば，ほぼ全員入学する状態であった。

（2）生徒の誤答からみえてくる

狭い劣悪な施設のなかでも，「教育は人だ」と強がりを言いながら，当時の教員たちは，勤務後は毎日のようにラーメン店に集って，お互い励まし合い，生徒たちに必死に向かっていった。体育の授業は，走って10分ほどの多摩川の河川敷へ2名で引率，雨の日は机を後ろに引いた教室で実施。家庭科の実習は，半分は教室で被服，残りは各階にある湯沸かし場を使って調理実習，教員は各階を飛び回った。1つの小教室を利用して，英・数は二分割の授業を実施した。放課後は，住宅街の道路に見張りを立てて部活動。バスケットはパスやドリブルの練習は行えるが，シュートは電柱に向けて，試合会場ではじめてゴールにシュートした。文化部も活発で，1年目の筆者は，美術部，考古学部，数学部の顧問を兼ねた。

授業はどの授業もたいへんで，数学担当の筆者など，悪戦苦闘の毎日だった。足りない基礎学力も補いながらの高校の授業なので，教科書は使えず，手づくりのプリントを用意して臨んだ。午後の授業があるときは，昼食は放課後に取るのが日常化していた。30歳を越えて教員になった私は，年齢的には上のほうなので，弱音を吐くわけにはいかない状態だった。さまざまな困難をかかえる生徒たちに向かい合うとき，困難の原因を生徒に求めると，教員の負けであり，生活指導でも，とことん生徒を追いかけた。

そうしたなかで，転機が訪れた。ワラをもつかむ思いで顔を出していた民間の数学教育研究団体で，「京都府が全国に先んじて『到達度評価』に移行し，算数・数学教育では，到達目標を教科ごとに作成している」という情報を得て，研究日（授業のない日）を使い，京都にでかけた。全体像を理解するには，力不足だったが，授業をする前に，生徒の「学習の理解度」を知るために，「診断テスト」を実施し，生徒の学力状況をつかむ必要性が強調されていた。

当時は，数学科の教員は2名。さっそく中学までの基礎事項について，1976

年の新入生に診断テストを実施した。誤答の多いのは予想していたが，誤答を分類し，検討するなかで発見があった。

一人ひとりの誤答を眺めているときは，「こんな間違い」を生徒がどうしてするのか，理解不能である。しかし，同じ誤答がたくさん出てくることに出合うと，「違う先生に学んだのに，同じ間違いをする」「それは，なぜだ」と考え，「生徒本人でなく，教え方に原因があるのではないか」と気づいた。この発見は，できない生徒を前にして方策を考えあぐねていた筆者たちに希望を与えてくれた。そして，研究会に出かけ，教育実践の本を読み，小学校・中学校にさかのぼって生徒たちのつまづいているところが，どのように教えられているのか，必死に学んだ。

図5.1の問①は，一辺が一の正方形の面積図の力を借りる。それは問③にも応用できる。問③の文字式の積は，面積図で表現すると $x^2 + y^2$ という誤答は生まれない。これを使うと，高校の問題，$(a + b + c + d) \times (a + b - c - d)$ などにも，単項式の計算ができれば，挑戦できるようになる。

高校の新しい概念の導入には，注意して工夫するようになった。関数では，ビーカーに入れたお湯の温度が時間の経過でどうなるか予測し，測る実験をす

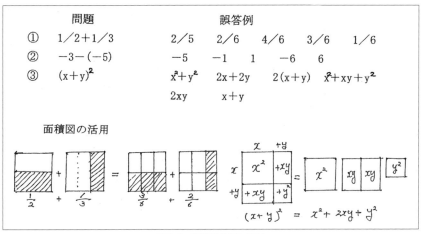

図5.1　誤答の分類と検討

る。大部分が直線的な変化を予想するが，違う結果になる。そのほか，ふりこの実験（糸の長さと周期），落体の実験など実際の関数にふれる。また，微分では，一円玉のフチを150倍ほどの顕微鏡で見る。これも，直線にびっくり。三角比では，一般の角の三角比を使えるように，関数電卓を使用。

この診断テストは，新入生の実態をつかむために，教科で10年余取り組まれる。その後，「英数国」3教科の入学時の「基礎力テスト」に引き継がれる。数学では，定期テストの各問いごとの誤答分析などにも使用され，教え方の反省に使われている。

（3）教職員からの学校運営改革

一定の自由さをもって教育活動は進んだが，教育条件の改善を求めて，大部分の資金を借入金に頼り，特別教室・体育館ももつ現在の校舎に1981年に移転する。第二次ベビーブームの時期で，1800名を越す規模の学校になる。小規模の学校から急に大規模化するなかで，100名近い教職員を束ねることができなくて，学校運営にゆきづまり，1988年には解雇者をだすなど，第二の学園危機を迎える。生徒対応だけでもたいへんなのに，労使対立の激化で，職場は先の見えない不安につつまれる。やがて，教職員や保護者，理事・評議員からも孤立した理事長兼任の校長は，1991年，辞任する。その後，理事会が正常化されて，校長も新しくなる。

2回も繰り返された理事会による学園危機の反省から，新しく着任した校長は，「生徒，保護者，教職員の合意」を大切にした学校運営の方針を掲げて，いろいろな学園の改革に乗り出す。同じような誤りを理事会が，再度繰り返した苦い経験は，今後，制度的にも再発させない方向に向かわせた。学校の寄付行為（学校法人の運営を定める根本規則）を改定し，教職員や卒業生が組織的に運営をチェックできる仕組みにする。評議員の選出母体からの選挙による選出と評議員会の一部決議機関化，教職員の声を反映する理事会構成にする。専任教職員による校長の公選。分掌の決め方も，選挙で選んだ分掌委員のもとで，本人の希望を尊重して，調整して決めることにした。希望が生きるシステムは，

教員から歓迎された。そのなかで，教育改革の機会が訪れる。

2 学校五日制に向けたカリキュラムづくり

(1) 手探りで，でも大きな志

　文部省が，月1回，そして月2回と学校五日制を進めていた。校長は，いずれ完全学校五日制になるならば，積極的に準備していこうと1993年秋に検討を呼びかけた。カリキュラムの改定を伴う課題であることはわかっていたので，提案されたときの運営委員会には，重い空気が流れた。

　教務主任など担当部署の人を含み，希望者を募り，教育計画委員会が11名で発足した。学校の歴史のなかで，カリキュラムを教職員の知恵を寄せてつくるのは初めてのことで，大きな志をもって始めた。現在は「36協定（時間外労働に関する労使協定）」があるのでむずかしいが，委員会は，時間外という概念にとらわれず，放課後いろいろな活動が終わって開かれた。

　文部省の学習指導要領の歴史，日教組の中央教育課程検討委員会の報告など（第1，2，8章），レポーターを立てて学んだ。また，小田原の旭丘，東京の和光，千葉の明徳など先行した取り組みをしている高校の先生方を招いて，学校五日制準備と実際について学んだ。

　はじめに，委員会は，「カリキュラムを考える視点（第一次答申）」を提案し，教職員から意見をもらった。

　ア　生徒にとって授業はどうだったか。
　イ　現在の授業内容は，「生徒の生活」を考えるうえで，どうなのか。
　ウ　教員自身の教える喜びはどうなっているのか。

　そして，生徒，教職員が，現在の教育をどう考えているのか，アンケートもとって検討した。生徒たちの声は，予想していたとおり，「わかるように」「楽しい授業」などの声が多かったが，「将来，役に立つもの」などという意見もあった。

　教員のほうはどうか。委員のなかで，10年近い経験のある先生の「今まで一度も満足した授業をしたことがない」という発言をきっかけに，率直に意見

を出しあった。程度の差があっても，共通の思いをみんなもっていた。筆者自身，目の前の生徒たちにわかることを追求しながら，これでいいのかと自問していた。田代三良氏（都立高校教員）が私学の教育研究会で語った「生徒だけでなく教師も偏差値で輪切りにされている」という指摘もずっと頭にあった。

　教科の教育については，どんなイメージになるのか，模索した。そのなかでヒントを得たのは，生徒会主催の送別会で，卒業生たちが実施した，「先生たちの授業への人気投票」だった。男性の１位は，都立の定時制で教えてこられた国語の講師の年配の先生であった。

　「読めないと始まらない」と，ルビのふられた教材を与えて，本文に関連した文章をいっぱい読ませ，それに対する生徒の感想や意見を教科通信で返した。女性の１位は社会科の若い先生で，１学年の「薬害エイズ」の授業が生徒たちに強烈な印象を与えた。

　「話を聞きたい」という生徒の意見に，「相手に電話してみたら」と指示し，本人は来れなかったが，支援する大学生を招いて話を聞く。教えていた３クラスとも文化祭では，薬害エイズをテーマに取り上げた。一クラスは，厚生省（当時）の食堂を訪ねて，そこにいる人たちをインタビューして，ドキュメントにまとめた。厚生省の人は出てこないが，はっきり意見を述べる人を取材し，迫力があった。

（２）「総合」を取り入れたカリキュラムの開発

　生徒たちの関心や日常行動のなかから，生徒たちの今後の人生に役に立っていく授業は何かということが１つの焦点になった。それが，教科を越えた授業，「総合」（第６章ほか）に結びついていった。日教組の中央教育課程検討委員会の報告，和光小学校の実践，民間教育研究団体での「三つのセイ（性，生，政）」の実践などにヒントを得た。

　教科の授業が生徒とかみ合わずに悩んでいた筆者たちは，総合にとびついた。近くの和光小学校の授業を見に行った。多摩川を河口から上流へさかのぼる授業。川で取ってきた魚が教室の水槽で泳ぐ。はまった子どもが日曜日に親と一

緒に川へ出かける。その経験を，いきいきと綴った作文に魅せられた。

　テーマを何にするか。1学年の「性と生」は，すんなり決まった。当時は女子校だったので，「性」をめぐっての後追いの生活指導に，教員たちは悩んでいた。2学年の「平和」も，沖縄の修学旅行の事前準備を兼ねるということで合意された。3学年の「女性と人権」は，テーマが広いことと，担任は進路指導などで忙しく，誰が担当するのかなどで，合意がむずかしかったが，卒業後の生き方として，働くことや家族のことなどを考えていくことでまとまっていった。

　委員会は，新カリキュラムの目玉として，「週2時間の授業」の「総合」を提案した。「テストなし，評価をつけない」という条件は，当時の多くの教員が経験していた「必修クラブ」（高校にもあった。）と同じではないか，教科として成り立つのかという意見が根強く，合意づくりは難航した。時間をとって疑問に答えるとともに，最後は，「週1時間」の授業に修正して提案し，やっとまとまった。

　委員会は，37回開催，春や夏の学校主催の教育研究会（2～3日開催），職員会議などを使って全員で話し合い，1994年6月，委員会は，「1995年教育課程第三次答申」（最終答申）をまとめた。

　　　　　　　　　　一九九五年教育課程第三次答申
Ⅰ　現行カリキュラムの分析　（省略）
Ⅱ　今回のカリキュラム改定のめざすもの
　　①学校の教育目標「人間の尊厳を大切にする」の実現をめざす。
　　②ひとりひとりの意欲と可能性をひきだし，現代社会を生きぬく自立した人格
　　　を形成するものをめざす。
Ⅲ　九五年度カリキュラムの三つの柱
　【1】　生徒をみつめ，切りむすぶ～生活と社会をみつめ，未来をきりひらく力を
　　　　つける～
　　①性と生，愛，家族，友人などをめぐる生徒たちの身近な悩みや関心にかみあ
　　　う内容とする。
　　②平和，人権，環境など社会や世界の関心事にかみあう内容とする。
　【2】　生きる力としての進路保障
　　①豊かな見聞や体験を通して働くことの意味を考える。

　　　　②進学後，就職後もやりぬく力を獲得するために
　　【3】授業改革と今後の課題
　　　　①従来の学習法・授業法にとらわれず，調査・研究，発表，討論などを取り入れた授業展開を工夫する。
　　　　②与える授業から生徒も共に探求し発見していくような授業への転換が求められる。
Ⅳ　カリキュラムを実践するための条件
　　①生徒たちの学習条件　→学習集団の少人数化を図る。
　　②教員たちの教育条件　→持ち時間の減，教科会の時間的保障。
　　③ネットワークを広げる　→学外との結びつき
★　必修と選択
　　ア　基本方針にもとづいて，必修での教育内容を精選し，可能な範囲で選択の幅を広げる。
　　イ　必修の位置づけ
　　　　a　教科としての学習の方法のわかるもの
　　　　b　次の学習にむけて，生徒の意欲・関心をひきだすもの
　　　　c　教科のなかで基礎的なもの
　　ウ　選択は，必修で培われた土台の上に，より発展させた内容をもち，生徒の興味，関心，進路にそったものとする。
　　　　各教科での学習にそった科目群の外に，各分野での専門家や地域の人々，父母の協力による実践的な学習なども考える。
★　総合について
　　一つの科目では追究しきれない現代社会を生きる生徒たちの生活とかみあったテーマで，調査・研究発表などのさまざまな方法を通じて生徒と共に生き方を探求していく授業としての必要性を強く感じ，各学年1単位を設置する。

（3）実施を1年遅らせ，合意を追求

　1995年実施を，1年遅らせた。それは，教科外教育（行事など）の検討，東和会（保護者の団体），生徒会との合意づくり，教職員の勤務時間・労働条件の変更，総合の内容づくりが残されていたためである。教育計画委員会は引き続き行事などの検討，1学年の総合「性と生」はチームを組んで内容の検討に入った。ほかの課題は，運営委員を中心として発足した小規模の五日制推進委員会を発足させて当たることにした。
　生徒会は，生徒にアンケートをとり，教員との協議会の場に出してきた。「7時間目ができるのか」「授業はどうなるのか。進み方は速くなるのか」「進

学率は悪くならないか」「テスト休みはどうなるのか」「行事は」「土日に警備員はつけないのか」など。質問には，丁寧に答えていったが，新カリキュラムに基づく授業は，新入生からなので，説明する側も，ほかの質問に比べて，少し歯ぎれがよくなかった。

　保護者からの質問は，もっとストレートだった。「生徒が2日間の休日を使えるのか心配」「国は月2回を始めたばかりなのに急ぐ必要があるのか」「行事は過密にならないか」「授業や学習方法はどう変わるのか」「進学はどうなのか」「授業料は下がらないのか」「先生たちは研究日とあわせて週3日も学校へ来ないのか」などが出された。

　生徒によって違うが，「家でゆっくり派」の保護者は，「2日も家でぶらぶらされたらたまらない」という意見だった。親として進学問題への不安が一番多かった。土曜日の授業がなくなるので，その分授業料は下がらないかと言う意見は，初年度納入金を10万円程下げていたが，まだまだ高い授業料なので，もっともな意見だった。教員の研究日（研修日）は，週1日あって，学校行事以外は学校へこなくてもいい日だった。この時点では，組合との話もまとまっていなくて，「そのようにはならないように」などとあいまいな返答しかできなかった。

　教職員との労働条件をめぐる話し合いが，一番むずかしく，実施年のぎりぎり3月末にやっとまとまった。課題は，ア）研究日問題，イ）持ち時間問題であった。研究日は，長年慣れ親しんだ制度で，平日の自由時間は，共働きの教員には日常の生活に組み込まれていた。土曜休みができても代替えできないということで，根強い支持者がいた。当時，専任教員は，「土曜日に平均2時間」の授業をもっていた。「持ち時間をそのままにすると月〜金の授業が過密になる。総合など新しい授業を始めるのに，そのままでいいのか？」というのが組合の意見だった。

　結果的に，「持ち時間上限を17時間から15時間にする。研修時間は半日。学校内でとる。ただし，必要な外出は許可する」ということでまとまった。東京以外の私学には，研究日がなかったこともあり，公立も含めて持ち時間減は，

他校に広がらなかった。

（3）「総合学習」が生徒，教員を変える

　学校五日制が始まってどうだったか。一番の変化は，月曜日の保健室の生徒利用。今までは，日曜日の疲れが取れず具合の悪い生徒が列をなすほど多かったのに，五日制実施後は減って，火曜日から金曜日と変わらなくなった。家での過ごし方アンケートでも，2日間家でぶらぶらという心配は当たらず，一日は自分で動くようになっていた。日曜日は，学校を閉鎖して，土日連続の部活動に歯止めをかけた。

　教員は，全員が毎日顔を合わせることになり，打ち合わせなどは便利になった。でも，半日研修日は，全員の時間を時間割のなかに保障できなかった。それは，代休がまとまってとれない問題につながり，時間割担当者が苦労しているが，現在でも一部の教員は，分割してとる形になっている。保護者たちの会合は，土曜日なので，学校に行っても生徒たちの顔が見えないという保護者の声も寄せられた。

　総合「性と生」は，生徒に変化をもたらせた。クラスは二分割して，1つのグループは，HR教室から移動する。数学の演習も同じシステムだが，数学では教員が待っていても，生徒がなかなかこない状況だった。しかし，この授業は，担任が行く前に生徒は教室の前に待っていた。受験前の学校説明会での宣伝もあり，関心が高かった。

　人の性器の名称を口にするときに，筆者などは少し言いよどんだり，予習しているのに質問されると，自信がなく，「次までに調べてくるよ」の連続だったが，生徒たちは，「そこがいいよ」と言って励ましてくれた。1学期の後半，援助交際を取り上げたとき，「私はしない。でも，友だちがしていたときは止められない」という現象に，どのクラスもぶつかった。教科会では，「教員が結論を出そう」という意見もあったが，「そうしたら，普通の教科と同じで，総合ではなくなる」ということになり，延長して話し合うことにした。テレクラでは，男性は1分いくらでお金を払うことや，「はじめは電話に出るだけで

いいと言っていたのが，積極的に誘うようにと言われて，怖くなってアルバイトをやめた」という生徒の体験なども交えて「テレクラは参加しやすい管理売春の1つ」ということについては，理解が一定深まった。でも，結論はでなかった。生徒は，「先生，援助交際したい気持ちないの？」とか，身近な男性として，教科担当に質問を浴びせた。プライバシーに踏み込まない範囲で，たじたじになりながら答えた。

　この年，援助交際などを取り締まることを目的に，東京都が条例をつくった。公私の高校生を集めて，東京都がシンポジウムを企画した。都立は生徒会執行部から集めたが，私立は集まらず，新聞報道で本校の総合を知った担当者が，本校へ依頼にきた。「ゆりかもめ」に乗れて弁当も出ることで，1年生が7名参加した。グループに分かれて話し合ったが，大東の授業と同じ現象になった。そのとき，本校の生徒が，「それでいいのか？」と授業で学んだことなどを発言した。その結果，4名の大東生が，グループを代表して，全体会で話し合いの様子を発表した。生徒会交流もないころで，初めての他流試合だった。その後，東京都から，エイズの企画や何かに呼ばれて，生徒たちは自信をつけていった。

　本校では，生徒たちの自治を広げようと，教員と生徒たちで二者懇談会を開き，学校生活のことなどを話し合っていた。総合開始2年目，「テーマが授業」のとき，生徒から「先生は，もっと予習してほしい」という要求が出てきて，担当の教員が困った。もう少し聞いてみると「総合の授業では，先生たちはいろいろな資料を調べて授業にのぞんでいるが，ほかの教科では，古いノートを見ながら授業をする先生がいる」ということだった。その後の懇談会は，授業問題は毎回取り上げられて，三者協議会につながっていく。

　2003年，男女共学に移行して「女性と人権」は「人権」に変わったが，「性と生」「平和」「人権」の3つの総合は，20年を越えて続いている。

　「テストなし」「評定つけない」「担当は希望」を守ってきた。希望者が足りない場合は，管理職がお願いしてきた。講師も含んで毎年30名近い教員が担当している。最近の新採の先生たちは，希望するものだと思って，担当者に

なっている。授業の魅力にひかれて、筆者も、人権をずっと担当している。魅力とは、一言でいうと、教科（数学）ではみえない生徒の姿がわかること、自分のわからないことも含めて、みんなで考えられることである。2017年の人権は、北朝鮮のミサイル問題もあり、平和のことを長く考えた。そのなかで、世界の紛争から20件を超える事例を取り出し、「紛争の解決」を調べたとき、解決しているのはもちろん、休戦状態も、すべて話し合いで解決していた。日本のマスコミは、「米・朝の戦争か？」という状況であったが、教室では、違う結論に達していた。担任の筆者にとっても初めての体験だった。

3 三者の協同でつくる学校へ

（1）三者（生徒，保護者，教職員）が対等に話し合う

　総合から始まった「生徒の発見」は、その後、男女共学、それと同時に始まった三者協議会へとつながっている。

　女子校の時代からあった二者協議会を発展させた。女子校時代は、罰則のない「生徒心得」だけであった。それを男女共学になるなかで、一定強制力をもった規定にした。それとともに、三者協議会で協議して、学校生活の規定も変えられるようにした。すべての行事が生徒会主催になり、卒業式なども二部は、三者の合同実行委員会が主催するようになった。

　三者協議会は、三者（生徒，保護者，教職員）が対等に話し合い、要求できる組織として、司会も三者が担当し、その場で、協議のまとめをつくって、全員で確認するルールにした。三者の事務局の担当者は、月１回会議を開いて交流し、準備している。

　二者から三者になって、大きく変わったのは、生徒たちの発言。二者では、授業のことなどについては、少し遠慮がちだったが、三者になっただけで、堂々と発言してきた。生徒会は、要求を通すために全校アンケートを実施したり、クラス討論や代表委員会を積み上げるなど、工夫してきた。

　女子校の最後に認められた青シャツを、入学式や卒業式などでも着用できるようにという要求はずっと続いていたが、教職員や保護者の一部に、「日本の

フォーマルは白」という声もあって，実現は難航していた。決まったときの次のやりとりは，今でも印象に残っている。

　保護者　　「このなかにずっと青シャツを着ている人いますか？」
　生　徒　　「僕は白がきらいで，ずっと青シャツです。」
　生徒会長　「彼は，2年生です。卒業式に出ます。そのときだけ，白シャツを着なさいと，先生たちは，彼に言うのですか？」

　するどい切り返しで，生徒側のねばりづよい運動も背景に，青シャツは認められていった。次の年の入学式，新入生の3分の1ほどは，青シャツで参加していた。「どうして？」と聞いてみると，「何か高校生になったので」と答えていた。

　三者協議会では，授業をテーマに話し合いを続けているが，教室に戻ると，「自分は部活第一」「友だちがいるから学校に来ている」などという生徒もいて，生徒間の話し合いがかみあわないできた。2016年，そこを打開しようと，生徒会執行部が，全校生徒に「高校へ何を学びに来ているの？」と問うた。これが，生徒に向けられただけでなく，教員には「生徒に何を学ばせたいのか？」，保護者には「何のために子どもを高校へやっているのか？」と投げかけた。鋭い問いである。その後，英語とか数学など，教科を決めた三者の話し合いも行われる。その後，授業についての話し合いは，今までになく，かみ合った内容で続いている。

　三者協議会は，公開していて，地域や各地の学校とも交流を広げている。「三者の協同でつくる学校」は，新入生を含めて，みんなに行きわたってきている。1年生の教室でも，教員が授業中，教員の権威をかざして話し出すと，生徒が「この学校は，三者でつくる学校ですよね」とささやきかける光景が，みられるようになった。学校説明会に来た中学生の保護者も，「三者というぐらいだから，少なくとも生徒の声は聞いてくれる」と，学校に信頼をよせ，受験に前向きになる例が増えている。

(2) 学校を守りたい気持ちが原点

　本校の30年を振り返ると，学校五日制に伴う教育課程の改定（「総合の実施」），男女共学とともに実施した三者協議会が，学校を大きく変えてきている。三者協議会の実施では，長野県立の辰野高校や軽井沢高校の実践とともに，長野で開かれた「高校生の集い」を見学したとき，グループでの話し合いをまとめた2年生が，「生徒の参加だけでなく，参画の必要性」を強調した場面に出会ったことも大きかった。「生徒の自主活動に求めるキーワードは，これだ」と高揚した気持ちになった。今振り返ると，「参画」という言葉は，その後の活動に筋を通した。

　困難な生徒たちと大規模化のなかで，当時の校長たちは，不慣れさもあって，私物化と専断を強める学校運営に走った。そのなかで，「教員たちが生徒に向かい続けたエネルギーは，どこから？」と聞かれることがある。筆者自身もそうであったが，「学校としての環境は不十分でも，一度は廃校になり，生徒たちが再生した学校に誇りをもっていた」ことと，先がみえたわけではないが，「いい学校にしていこうという気持ち」を教員たちは共有していた。ほかから学ぶことにも必死だった。組合の教育研究会や民間教育研究団体の集会などにも，必ず報告をもって参加し，意見をもらった。第二の危機の最後，1990年後半から，管理職が学校に来ない時期が続くなかでも，みんなで学校を守るとともに，解決へ向けての活動もつづける。そのエネルギーは，自分たちの学校を守りたいという，第一の危機のときの生徒たちの気持ちと同じだったなと思う。それが支えだった。校長が辞任したあと，生徒たちは「先生たち明るくなったね」と言ってくれた。そのことは，その前は，余裕のない必死な顔と見られていたことの裏返しだ。しかし，この時期，学校としての課題であった中途退学者は目に見えて減少した。緊張状態の教職員の一人ひとりの意識が学校を変えたと，今振り返っても強く感じる。

　生活指導でも，「辞める」という生徒も，とことん追いかけた。1970年代の終わり，半年間，家出していた生徒も受け入れて，学校になじませ，卒業させた。この生徒の指導をきっかけに，学校の生徒の見方も大きく変わった。どの

生徒にも正面から向き合うなかで，教職員たちは，「生徒の話をまず共感をもって受けとめる」「聞きっぱなしにしないで，生徒が考える方向の示唆も忘れない」「相手に聞いてみないと本人の気持ちはわからない（自他境界線）」など，生徒への対応について，多くのことを学んだ。「世間の教育」からみると，取るに足らないようにみえるかもしれないが，教職員は，自分たちで現在の学校をつくってきたという自信と誇りをもっている。

　その後の理事会はどうか。現在は卒業生の保護者を理事長に，「三者の協同」を大切にした運営を心がけている。東京の私学で，5本の指に入っていた高い学費も28年間据え置いて，現在は下から3分の1に位置するまでになっている。学校独自の学費軽減制度を使って，生活保護世帯の学費の無償も実現している。

　まだ課題は多くあるが，そのなかで教職員たちは，学習指導要領の改訂も取り入れた，新しい教育課程づくりに取り組んでいる。

深い学びのための課題
1. 宿題で読んでくるなどして，感想を書いたり出し合ったりしてみよう。
2. 自分の理想の学校像を組んでいく際の参考になる点に線を引いたり，書き出してみよう。

第6章
「総合的」な学習と横断的カリキュラム

　理想の教育を考えてみると，思いついたテーマが，内容中心の教科・科目（以下，教科）にはまらないことがないか。環境，健康，国際，平和などの学習で育てたい（つけられる）能力を考えるほうが入りやすいのかもしれない。

　近年の世界には，コンテンツ・ベース（内容）からコンピテンシー・ベース（資質・能力）へという流れがある。まず知識以外の総合的な「21世紀型能力（スキル）」をイメージして，教科の枠にとらわれないカリキュラムづくりが試みられているのだ。その能力観は欧米で，また経済界などからも提案されてきた（キー・コンピテンシー，社会人基礎力，人間力など）。世紀転換期の日本も影響され，ここまでの要約にもなるが，以下のようにまとめられる。

1990年代：新学力観と「生きる力」
2000年前後：ゆとり教育と脱ゆとり
2000年以降：国際的なPISA（OECDによる）→全国学力・学習状況調査のB問題
2010年代後半：新学習指導要領での資質・能力などへ

　これらでは国際動向，とくに経済，政治に左右されてきた印象が強い。むしろ担当する子たちのマイ＝カリキュラム（図1.1）に応えるような，こう育ってほしいという理想を接続した，そんなカリキュラム計画を考えたいものだ。

　本章は，こうした意図から「分化（分科）と統合（総合）」問題をとり上げて，バラバラな教科にとどまらず横断や総合へと進む必然性，および総合的な（内容というよりも）テーマ（主題）の例をあげていきたい。

1 カリキュラム統合―子どもの生活経験の全体性から

(1) 教科ごとに分ける分科（分化）主義→カリキュラム統合（総合）

　そもそも子ども・若者は，いや人間は，政治・経済から「求められる資質・能力の束」なのか。よく聞く「人材」はすでに，会社や国などに必要な部品というニュアンスを含む。一人ひとりの個人を，バラバラにできない，まとまりある人格として，自ら生きて活動し，学び成長しようと望む存在として尊厳をもってみたいし，自分たちもそうみられたくないか。（第2，4，5，8章）

　とはいえ，全体的なはずの人格や彼/彼女の生活は，事実としては，政治・経済のシステムに深く浸透されている。たとえば政治は人間どうしを，先生と生徒，上司と部下（アルバイトでいえば店長と店員）など，上と下の権力関係や支配－従属関係へと分化させ，校則やスタンダード，ルールなどで管理し秩序づける。経済は，人間関係にお金（貨幣）をはさませ，売り買い，おごる・おごられる，使える・使えない，勝ち負けなどの競争や市場をめぐるモノの効率的な関係にたとえさせる。そうすると，素に近い自分（人間性）を出せない人が増え，人間やその生活の全体性（ホリスティックさ）が疎外され，ストレスから自己分裂などをきたし精神や身体を病む人たちが増えていく。

　政治・経済に抵抗した一派が，総合的な能力や人格を育てようとしたかぎりの新教育の系譜，あるいはマルクス主義であろう（第4，8章など）。総合性は各教科でも追求できるが，中学・高校のように，教科が分科（分化）主義的（国語は言語，理科は自然認識，保健体育は身体や健康など別々に担当）になりすぎている以上はむずかしい。いったん総合的なテーマ（主題）を，子ども（たち）の学びたいこと，または先生の学んでほしいことからでも実践しはじめると，たとえば環境といっても，どの教科がよいかわかりづらく，ある教科から始めてみても枠をはみ出し，ほかの教科へと絡んでいく。

　そこで，人格・生活発の総合的なテーマを正面きって探究するために，生活科，あるいは総合的な学習の時間（小3～中学）・総合的な探究の時間（高校）（以下まとめて，総合）のような，特設された枠が必要とされたのだ。すでに日教組がつくった委員会が1970年代後半に，総合学習というものを提案していた。

または,いくつかの教科をまたぐ横断的カリキュラムからでもいい。これは今改訂の強調点で,カリキュラム・マネジメントの4点のうちの1点目である。

それらの総合や横断は,専門的に「分化」した教科とは異なり,人間やその人格,生活などの全体性に即そうと,カリキュラムのほうを「統合」的,「総合」的なものに改革する発想による。体験,経験を重視するだけではない。教科書や学習指導要領から出発せずに,今解きあかしたいテーマを立てることで,目標と内容を組み換えて,カリキュラム全体を考え直す。そうすると,教科の境も次第に超えられ,生活指導,特別活動も絡んだ一連の活動ができてくると見通せる。

(2) 各教科内での視点として →横断的カリキュラム →特設型

現実的には,総合の時間枠にかぎらず,どこに総合性を導入するかの問題なのだ。各先生が担当する各教科に入れてみるのもいいが,一教科のなかや1人でできないという場合,横断的カリキュラム,そして総合へと進む必要もある。

①視点型(視点として,機能として,原理としての総合)…1つの教科のなかでも,ある瞬間やある時間,ある単元などを総合的なものに変えられる。溶かし込み型や織り込み型ともいえるが,教師が視点を総合的なものに変える場合であり,後述の特設型に比べれば,視点として,機能として,原理としてでしかない。それだけに,教科担任制の中学・高校でも始めやすい。

②横断型…視点型とも似るが,もっとすすんで複数の教科・領域をまたぎ,総合性を貫くやり方。学習指導要領でもいわれる横断的カリキュラムだが,複数の教科や領域を含んだ単元を組む例がわかりやすい。イギリス由来のクロス・カリキュラム,あるいは合科学習(奈良女子高等師範学校附属小学校の木下竹次から),関連的な指導などといわれてきたものに近い。

③特設型…1つの教科や領域を特別につくり,そこにまるごと総合的なものを導入・展開するやり方。生活科や総合的な学習(探究)の時間がそうであり,戦後初期に新設された社会科もこれだった。近年も研究開発学校などで,新しく総合性ある教科が試しにつくられる。その報告書類の収集,吟味がいる。

（3）きわめて総合的かつハイブリッドなコア・カリキュラム

以上のすべてを集大成したものが，コア・カリキュラムといえる—第1，4，8章に説明があり，第5章にも類例がある—。ここでは，三層四領域への展開も含めてまとめておきたい。

一言で定義をすれば，教科ごとに分かれた（分化，分科）カリキュラムと，生活単元学習をも批判して，学校カリキュラム全体を見通したもので，カリキュラムにコア（中心，中核）をもうけ（狭義にはここまで），そこで活動（生活，経験）を広げ・深めることを目的とする中心課程に，その手段（用具，道具）として必要となった教科の知識，態度，技能を教えるための周辺課程，基礎課程（他）を，有機的に関連させた「総合」的・「統合」的なカリキュラムといえる（日本教育方法学会編『現代教育方法事典』図書文化，2004年，534頁）。

続く三層四領域というものは，コアをめぐって異なる説（問題解決課程，生活実践課程）が出た1950年代前半に，両方をそれぞれ中心，基底と位置づけ，その上に周辺を基礎課程（または系統課程）として乗せて3つの層に集大成し，4つの領域で串刺しにするとしたカリキュラム論であった。

今でいえば，総合的な学習，特別活動など（探究活動）を中心や基底とみなし（狭義），他の各教科の知識・技能（要素の習得）ほかを必要に応じて関連づけ（活用の場面），全体に統一性・総合性をもたせたカリキュラム（広義）となろう。

教科のような専門「分化」は，内容をしぼり，細かく知ったり研究するには有効だ。だが学ぶ最終目標が，今の日常や将来の理想の生活に応用・活用することにあると考えれば，分化した知識を「総合」する思考も必然的にいる。

いずれにしても，カリ

図6.1　コア・カリキュラムから三層四領域へ
出所：筆者作成（山﨑準二編『教育課程 第二版』88頁）

キュラム全体の再構成をめざし，対立を越えるべきものと自覚して「総合的なイメージ」を描き，さまざまな要素をすべて1つの図のうちに包括し，統合・総合・集大成する試みといえる[1]。

2 総合・横断のテーマとシークエンス―自分と他との関係から

　続いて，やってみたいテーマ（主題）をあげて，イメージしていこう。そこで，自分（子ども，学習者）が何とかかわっていくかの対象を横軸に，学校段階を縦軸にとり，テーマを網羅的にあげたものを参考として示そう（表6.1参照）。

　総合のテーマ・内容も，さらに各教科もまた，ここに位置づけて考えられる。表をタテにみていくと，身近にふれられるモノ・実物・人から始まり，次第に抽象的なことや概念も含まれていく（シークエンス，またはシーケンス）。抽象的なるものは，言葉を通じた表現ややりとりをしないと捉えられない。そこでは抽象的，論理的な思考（理性）が必要となるが，その思考力，想像力，創造力などを養い，校外の活動への参加に導くこともまた学校の役割だろう。

　各教科の内容も，具体から抽象へと並べられている。社会科（および生活科・総合）でいえば，身近から家庭，地域，日本，世界へという同心円拡大方式による。理科でいえば，生活科の延長で手にとれる見えるモノから，見えづらい気体や電気，大きすぎて遠い天体まで進んでいく。算数では万，億，兆といった社会科や理科で使う大きな数字や，1より細かな分数，小数も扱うようになる。国語でもモノでなく抽象的なことがらを表す漢字が増える。

　このように，学校では学年が進むと，具体的なモノ，人としては手にできず，言葉で捉えるしかない物事，ことがらも扱い，「想像力」でイメージしなければわからない抽象的なものやその考え方・法則・原理をも学ぶのだ。

　ヨコ軸は子どもがふれる対象をあげたものだが，自分が出合う・大人が出合わせたい対象が，自然から社会や他者，そして学問・科学・文化へと増えていく（スコープ）。感性・感覚が入り口になるが，小さいか遠いかで見えにくいもの，他の地域や外国，昔のもので触れられないものも，まず図・絵や映像か

表6.1 総合・横断的カリキュラムのテーマ一覧

主な対象年齢段階	自分とモノ・生き物・自然	自分と人々・地域・日本・世界	自分と他者，自分と自分	自分と学問，科学・文化
就学前（幼稚園，保育園，認定こども園）【遊びがコア】	1. 生活上の身近なモノ，環境構成 2. おもちゃ，遊びを通じて 3. 植物や虫などの生き物とともに 4. 健康，食	1. 身の周りとの関係。道と公園 2. 外国につながる友だち，障害のある友だち	1. 遊び中心の人間関係づくり，けんか 2. 自分認識，自己表現としての造形・絵画 3. 親との信頼関係	1. 体験とことば 2. 身近なモノやおもちゃの不思議とひみつ
小学校低学年【生活科がコア】	5. 身近な環境 近所・公園などの探検・探険 7. 栽培，生き物の飼育，観察と方法，川など。いのち（生・命） 8. 健康・食育	3. 自分たちの町 学校や町の探検・探険 4. 外国につながる友達・友人 5. 学校参加，地域参加	4. からかい・けんか 自分と友達との関係認識，次第に自己認識，私の記録 5. 親や身近な大人・先生との信頼関係，自立への基礎	3. 体験と気づき。メディア体験・ICT 活用，絵画・工作，手仕事 4. なぜ，ひみつ，クイズ。子ども哲学 事典・辞書に慣れ親しむ 5. 自由研究
小学校中学年・高学年【総合的な学習の時間がコア】	9. 地域の環境 10. ごみ・リサイクル 11. 栽培・農作業，生き物の飼育と生・死，川・海や山，海洋教育など 12. 絶滅危惧種 13. 健康・食育 14. 省エネ，放射線教育	6. フィールドワーク，聞き取り 地域とお仕事，商店街・スーパー，地場産業・町工場，伝統工芸・観光，消費者教育，議会と役場・役所 7. 国際理解，共生，開発教育 戦争と平和 8. 人権・福祉 9. 学校運営，地域参画 社会参加 10. 憲法，法教育	6. けんか・いじめ，友達同士の関係認識 自我の芽生え 7. からだ，性の違いと自覚自分の生・命 8. 親や大人との関係の揺れ 9. 生き方学習，私の記録 子ども哲学	6. 情報・メディア，NIE ホンモノ・体験の良さ 絵画・造形・表現 7. 辞書引き学習（辞書・事典を使いこなす） 8. 自由研究・自由勉強ノート，アルバムづくり 9. 地域の伝統文化・お祭や行事への参画
中学校，高等学校【総合的な学習の時間／総合的な探究の時間へ そして部活動】	15. 日本や世界の環境問題 気候変動，廃棄物・リサイクル，公害・環境問題 破壊。環境保護・保全 16. 動植物の生命と生活，生物多様性，自然との調和 17. 職場体験学習 農業体験・林業体験，漁業体験・海洋教育 18. 健康（禁煙禁酒，薬物乱用防止を含む）・食育 19. 資源・エネルギー問題，放射線教育	11. 日本と世界の産業 観光業 公共の仕事 消費者教育，反貧困 12. 国際協調・異文化理解，開発教育 日本と世界，地球市民教育，戦争・紛争の解決，国際平和・構造的暴力まで，反暴力 13. 人間の尊厳と人権・福祉，多文化共生，ジェンダー平等。反差別，反排除，公平公正 14. 憲法・法教育 政治，シティズンシップ教育，主権者教育 社会参加，学校改革 15. 経済教育，起業家教育，金融教育 16. グローバル教育	10. いじめ・トラブル 自我の確立と揺れ アイデンティティー。哲学 11. 自分と他者の身体 生と性と体の変化 12. 親や大人との対立と克服 13. 労働・仕事 進路・キャリア教育 生き方学習と人生設計へ，私の記録 14. ボランティアとふりかえり 15. デスエデュケーション（死への準備教育）	10. 情報・マルチメディアと情報倫理 NIE 11. 自学自習，個人研究・卒業研究 研究会サークル 12. 日本の伝統文化。世界の異文化・宗教間の衝突と共生 13. 教科と学問，科学技術，芸術の発展への参加と問題 14. 人類の知恵と倫理 真理・真実，社会的責任 15. 辞書・事典を自分の脳に創る 哲学倫理・思想
大学，社会人【ゼミナールがコア，サークルも】	（自然・環境の危機を科学からも知り，保護としての責任も伴う。向けて自らの進路を実持続可能な地球，地域のために共同で動くまで）	（有権者，主権者，成人大学，地域，そしてさまざまな社会の現状を知り，参加・参画まで）	（自分を知り，就職に現。他者の立場に立った考察も深めて）	（関心・主題をもち，科学で解明する。学問・科学，文化の担い手に加わる。学問の倫理まで）
すべての学校段階で連続的に	防災教育，安全教育，復興教育	ESD，SDGs，平和ボランティアなど実際の行動	日常生活・活動の振り返り 道徳・徳育	自ら課題を設定しての探究・研究 博物館・資料館・美術館
ポイント	自然をモノとしてのみ扱わない 生き物の命との関係で	各社会は捉えづらいが，人々が生きている場として実感する	自然，他者，社会に関する認識が集大成される場としての自分	学問などを日常生活や自らの課題に活用しつつ，深める

出所：筆者作成

ら，そして言葉だけでもイメージできるように導くわけだ。

　なお，具体から抽象への能力の発達に立ちはだかるのが9歳（10歳）の壁（節，峠）といわれるもので，これを越えさせることこそ小学校の課題である。生活・活動による経験や学び（生活指導，特別活動，あるいは地域活動）でも，親との関係から友人，さまざまな大人へと人間関係を広げさせ，上記のモノ（自然）に人，ことを加えた関係（社会）とそのさまざまな経験をすべて内面化し，操作する主体としての，自己認識を深めたい。そこにあえて学校らしく，教科（学問・科学・文化）を活用していくといいし，そのためのスキルも学んでいけるだろう。

　このように具体から抽象へといった発達やテーマの順があるにしても，できるかぎり早めに，外国につながる人，社会や地球の問題点，辞書・事典などにも出合わせたい。防災，安全，さらにESD（後述）は待っていられない。自分の関心から課題を設定するような探究活動，自由研究などの機会も早めにつくり，大学，社会人へ向かって連続させて深めていきたい。

　以上を学んでいくなかで，進学や就職の希望がみえてくるだろう。それは1つひとつのテーマについて，興味があるか，進学してからも深めたいかを自覚し，「選択」することでもある。高校，大学の後半になって迫られてからでなく，小・中学校でさまざまなことを学び，経験し，認識する過程とその延長線上とで，わからないことが残ったからこそ，進路，キャリアとそのためのカリキュラムを「選び」切り拓かせたいものだ。

　学ぶ子どもの側からみれば，以上のように発達の筋がたどれる。ただし，総合・横断では，教える教師の側からすると，教科担任制の中学校以降では，教員同士の同僚性，連携・協力という困難な課題もある。

3　総合・横断のテーマ—社会問題からSDGsをもとに

　以上で重要であったのは，子ども（たち）の人格としての全体性，またその生活の全体性であり，彼らの望んでいることから出発しようとする点である。だがさらに，中学年以上や思春期となると，今は自覚していない子がいても，

生活に影響しているような社会問題のテーマに連続的につなげる工夫もいる[2]。

さまざまな社会問題を包括的にテーマ化したものが，もとは日本発の ESD (Education for sustainable development) である。ESD は持続可能性教育，持続発展教育などと訳されるものだが，地球の将来を現在，過去を含めて地域から・自分から考え行動するために，たくさんの○○教育を包括できる概念として提案された。持続したいものは地球や人類全体か，はたまた経済成長なのか。解釈が問われ，対立や矛盾も生じている。

経済成長・人口増加ほか地球環境の危機は，ローマクラブの『成長の限界』（ドネラ・メドウズら　1972）などで訴えられはじめ，近年も異常気象や格差問題などで実感されることだろう。それらはじつは貧困，差別，暴力，そして戦争などの人為的な危機につながり，解決もまた総合的に，さまざまな教科・学問や人々を結集して取り組むしかない。学校はそうした総合的な社会問題を子どもたちに伝え，ともに考える学習をしなくていいのか。ぜひ採り入れたいし，先生だけでは無理だからこそ，NGO（非政府組織）・NPO（非営利団体）などの専門家を招くのである。

（1）ESD と SDGs—テーマの整理

近年，SDGs（持続可能な開発目標：Sustainable Development Goals）が話題となっているが，聞いたことはあるのではないか。それは 2015 年 9 月に国連で採択され，17 の目標と 169 のターゲットをあげたものである（第 2 章参照）。基本理念は「誰一人取り残さない（no one is left behind）」こと，つまり「貧しい人々や脆弱な状況下にある人々に対する連帯の精神」にある。

内容としては，①主に途上国の貧困問題等を対象としたミレニアム開発目標（MDGs）分野，②気候変動等，地球環境問題を対象にしたリオ・サミット分野，③持続可能な経済成長と雇用分野の 3 つの分野を統合したものだ。

行政と企業，NGO・NPO ほか市民社会が，対等の立場で顔と力を合わせていく。それが SDGs の精神でもあり，パートナーシップの輪には，大学，経済

図 6.2　SDGs の 17 の目標
出所：UNICEF ウェブサイト（https://www.unicef.or.jp/sdgs/）

表 6.2　さまざまなテーマと SDGs の対応関係の例

■すべてにわたって…ESD，開発教育
■社会的包摂…1．福祉教育，人権教育，気候変動教育／2．食育，職業教育・産業教育，気候変動教育／3．健康教育・保健教育・薬物乱用防止教育，交通安全教育，性教育，環境教育／4．技術教育・職業教育，リテラシー教育・メディア教育，ジェンダー平等教育，人権教育，多文化共生教育，平和教育，グローバル教育／5．ジェンダー平等教育・性教育，人権教育／6．健康教育・保健教育，環境教育，森林教育，地域学習
■経済成長…7．エネルギー教育，放射線教育／8．経済教育，キャリア教育・起業家教育，金融教育，リカレント教育，労働教育／9．産業教育，科学技術教育，情報教育／10．多文化共生教育・インクルーシブ教育，人権教育，福祉教育，金融教育／11．まちづくり教育，福祉教育，防災教育・安全教育，気候変動教育，環境教育／12．消費者教育，産業教育，環境教育，経済教育
■環境保護…13．気候変動教育・防災教育，環境教育／14．海洋教育，科学技術教育，環境教育／15．森林環境教育，環境教育
■パートナーシップ…16．法教育，情報教育，平和教育／17．租税教育，科学技術教育，多文化共生教育，ボランティア学習，シティズンシップ教育・市民性教育，ワークショップ，地球市民教育

団体，国際機関なども含まれる。

　総合や横断的カリキュラムで採り上げたいさまざまなテーマを，169 のターゲットも 1 つひとつみながら，この 17 の目標（図 6.2）にふりわけてみると，たとえば表 6.2 のようになる—このうち，2017・2018 年版学習指導要領では

あまり強調されていないが重要なテーマに下線を付す（章末に参照文献を示した）—。

忘れられがちだが重要なのは，これらの目標の間の関連づけ（横断，総合）である。たとえば，「今起きている事件や災害が，自分たちの今の生活とも，またほかの人や他国での生活ともつながっていて，世界や過去ともつながりがある，だからどうにか動かなくっちゃ」と考えられるように学ぶことがいる。

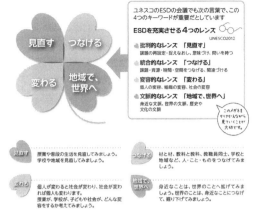

図6.3　ESDを考える，キーワード
出所：横浜市教育委員会（2017）「ESD推進のための教職員研修資料　見直すつなげる変わる　地域で，世界へ」

「うちの学校はこれをやっている」とタグ付けすると見通しが立つし，足りない項目がみえてくる。だが逆に，やりたい教育から出発し，そこからどんな力が育ち，どれとどれの項目がいり，そのために誰や何を活用するかを考えるという順こそ現実的ではないか。いずれにしても，すでにある教科や行事などで扱ってきた目標もあるはずなので，互いの関連づけをつけ直して相乗効果をあげたい。学校全体で取り組むこうしたESDは，ホールスクール・アプローチ（永田佳之）と称して注目され，いくつかの学校で実践されている。

そのためのツールとして，横浜市教育委員会が4つのレンズというものを示した。各校は，これらのレンズで学校の活動1つひとつを「見直し」「つなげて」いくと，個人や学校，そして社会が「変わって」みえて「地域で世界に」つながるESDがイメージ・デザインでき，学び活動していくと実際に「変わる」ということだろう。

他方で，子どもたちの今の生活に関係なさそうなテーマも採り上げてみる価値がある。ほかの数々の問題や，めぐりめぐって今の生活にもつながっている

からだ。たとえば，海なし県でも海洋教育の意味があり，食育，水産・運輸などの産業教育，航海の安全などの平和教育，気候変動教育も関わっている。

4 「社会に開かれた教育課程」に向けて社会を問う
(1)「教育」と呼べるもの

2017・2018年版学習指導要領は「社会に開かれた教育課程」もキーワードとし，それを準備した中央教育審議会（中教審）の各文書は2030年を見通してきた。だが，たった10年ちょっと先の次期改訂を見通したにすぎなかった。

しばしば「知識基盤社会」に言及されたが，単なる情報ではなくて，情報処理され意味ある知識に構成されたとき初めて価値をもつ情報こそ重要なのだ（ピーター・ドラッカー）。AI（人工知能）が仕事を奪うという予測もよく引用されるが，ある学者の説でしかない。教師など残る仕事も目立つし，新たな仕事を生み出せばよく，そうできる人を育てることも学校や大学の役割だろう。

今後の21世紀について，ほかにも暗い社会像が宣伝される。たとえば，「グローバルな世界規模の大競争時代（メガ・コンペティション）」「とくに日本で人口減少が深刻な少子高齢化社会」「子どもの貧困率や学習などの意欲差にもみえる格差社会」「巨大災害と人災が頻発し原発事故も懸念されるリスク社会（ベック）」「消滅可能性都市（増田レポート）が農山村や都市部にもある過疎化社会」「主要因は宗教のようで実は政治・経済である戦争の世紀」などである。とはいえそもそも，これらでいう社会とは何なのか。考えずに受け入れてしまうと，専門分化した思考回路の枠内で，経済優先の新自由主義的な「グローバリズム」，政治面では新保守主義に反動化しかねない「国民国家」，特殊日本的な「企業社会」などの強化に加担させられかねない。表面的には改革が叫ばれてはいても，現状の政治，経済に順応させられる道ではないか。

日本は1960年代前後の高度経済成長期を通じて，欧米にキャッチアップ済みであり，21世紀は創造性の時代になるといわれてきた。だが創造性が，最上位のエリートにのみ育てられようとしてきた（日経連「新しい時代の日本的経営」1995年）ならばどうか。中層の流動的な労働者と，下層の非正規の労働者

は，計画的につくられてきたのである。ひどいようだが，経済システム上，人件費の節減，合理化を断行しなければ，企業は次々と倒産し，国家も破産してしまうからだ。

　とはいえ，人間生活の全体性を大事にする教育側の視点からみると，日経連などの社会像は差別的，競争的で，人間を幸せにせず，子どもの可能性を限定するというように批判ができる。では，何か対案はあるのだろうか。

　じつは政治・経済優先ではない社会像が，すでに多く提案されてきた。たとえば，経済成長を追求せずに所得の再配分をしっかりやる「定常型社会」（広井良典）のほか，能力（自己）開発型から能力（自己）制御型へ（安彦忠彦），里山資本主義（藻谷浩介），「懐かしい未来」（ヘレナ・ノーバック＝ホッジ，映画あり）などである。これらのうちのいくつかは，経済面・政治面で成長しすぎた近代社会の一部に，前近代的な共同体のよさを取り戻し，ペースダウンをする発想といえる。ここにいかに教育（および福祉）が絡めるだろうか，考えてみよう。

　この日本には，近年，ダイバーシティ（多様性）の感覚が急速に広まってきた。だが逆に，これに対するバッシングや反動もしばしば出てくる。とはいえ果たして，多様性はマイノリティ（少数者）の権利擁護という意味だけか。異なるものどうしが出合うこと（対立，衝突，矛盾も含めて）で，新しい発想が生み出されること（弁証法）も期待できる。こうした点にも，多様な子どもや大人たちが1つの教室に集って学ぶ学校（とくに公立小・中学校）の可能性がある。

　学校教育が地域を重視し連携しようとしてきたことも，そう再評価できるだろう。地域は日常的にコミュニケーションをとる生活世界，人々が互いにかかわりあって日々生きるための世界であり，政治・経済のシステムを緩めたり組み換えたりする余地をもつ。システムから抜け出す，そのために「斜に構える」「ズレる」，システムの壁に「風穴を空ける」といったイメージだろうか。

　さらに，地域などの生活世界が，システムに対して抵抗線を引けるのは，政治・経済システムの暴走をくい止める要素や，システムを使いこなそうとする

視点が提供できる場合だろう。学校としては，教科をうまく使いこなし，政治・経済をも「活用」できるような，全体的・総合的な人間を育てる教育をめざしたい。子どもたちが互いに影響しあって成長していく過程で，また大人たちが子どもたちにかかわりつつ成長していく過程で，政治的な関係を組み換えたり，経済的な仕組みを活用したりする。そうしながら，それらの縮図か，その再構成としてか，一時のスキマとしてか。「教育」と呼べるものはそうした子どもの姿や子どもとのかかわりのうちにやっと咲く花なのかもしれない。

教育的価値（勝田守一他）というものもいわれる。発達，人間らしさ，じっくり，ゆっくり，ゆったり，つながり，信頼，自己肯定感，「異質協同」，そしてある意味での主体性，自主性，自治性などだろう。これらは共通して，競争・効率・格差重視の経済や，権力・支配・管理重視の政治を緩める発想であるかぎりでのみ「抵抗線」となりうる。結局のところ教育は，生活世界と政治・経済システムとの重なり（ハーバマスのいう「植民地化」された部分）の困難さのただ中に一時的・瞬間的に現われる，現状を超えた理想・未来にかかわる部分ではないか（コアと周辺とのかかわりのなかにも見いだせるものであろう）。

（2）ワタリ，ツナギつつ

大切なのは，各教科を越えたテーマ（主題）をもち，カリキュラムを総合的に横断的に再構成していく必然性である。マイ＝カリキュラム（第1章）にみるように，理想の自分像に向かってさまざまなことを学ぼうとすると（ワタリ），どの教科にも当てはまらないテーマがあがってくる（きた）だろう（本章の表6.1からよく探そう）。逆に，環境や食，防災や生き方など，子どもが求めてきた，または教師がやりたいテーマがないならば，無理に総合や横断をめざすこともない。

総合や横断は，計画も実践も困難かもしれない。ただ，誰かがどこかで計画・実践していることにつながる（ツナギ）と，学ぶのは生きるため，そのためにこそ「活用」する，といった学びの本質に迫れるだろう。卒業論文・卒業研究はその学びを経験できるものであり，教職課程を仕上げる一大イベントで

ある。

> **深い学びのための課題**
> 1. この章にあげた図表からテーマを選ぶか，もっと具体的な言葉で言い直すかしたうえで，自分にとっての理想の教育（授業，学級，学校）をイメージして，短文や図表に表現し，その解説としてレポートを書いてみよう。
> 2. そのために，以下の「参考・引用文献」にある本（関連するテーマ・キーワードに下線）などを選んで読み，活用しよう。そこに書いてある内容を子どもに説明する授業の案を考え，また何を討論，発表のテーマにさせられそうか，考えてみよう。

注
1） 各学校のコア・カリキュラムの実際については，金馬国晴・安井一郎『戦後初期コア・カリキュラム研究資料集―東日本編』（クロスカルチャー出版，2018年，3巻セット。西日本編，2019年；附属校編・中学校編，2020年）に詳しい。
2） 1950年代の日生連のいう「子どもにおいて目標をみる」という目標と，「日本社会の基本問題」という文書などに端的な発想である。
3） 安彦忠彦『「コンピテンシー・ベース」を超える授業づくり―人格育成を見すえた能力育成をめざして』（図書文化，2014年）は，政策立案にかかわった研究者ながら，人格の発達論が足りないなどの批判も明記した書である。また，P. グリフィン他編／三宅なほみ監訳『21世紀型スキル：学びと評価の新たなかたち』（北大路書房，2014年）も重要である。

引用・参考文献
浅野誠・セルビー，ディヴィッド編（2002）『グローバル教育からの提案―生活指導・総合学習の総合』日本評論社
阿部彩（2008）『子どもの貧困―日本の不公平を考える』岩波書店
大阪府立西成高等学校（2009）『反貧困学習―格差の連鎖を断つために』解放出版社
大澤克美他（2018）『実践から考える金融教育の現在と未来』東信堂
小ヶ谷千穂他・フェリス女学院大学シティズンシップ教育グループ（2018）『少しだけ「政治」を考えよう！　若者が変える社会』松柏社
開発教育協会編（2009）『身近なことから世界と私を考える授業』明石書店
影山清四郎（2006）『学びを開くNIE―新聞を使ってどう教えるか』春風社
金森俊朗（2007）『いのちの教科書―生きる希望を育てる』角川書店
鎌倉博・船越勝編著（2018）『生活科教育』〈新しい教職教育講座 教科教育編〉ミネルヴァ書房（小学校低学年のあらゆるテーマ）
苅宿俊文他編（2012）『ワークショップと学び』全3冊，東京大学出版会
川辺洋平（2018）『自信をもてる子が育つこども哲学―"考える力"を自然に引き出す』ワニブックス
川村雅則他（2014）『学校で労働法・労働組合を学ぶ―ブラック企業に負けない！』きょういくネット（自分と学問・科学・文化）

岸本清明（2017）『希望の教育実践―子どもが育ち，地域を変える環境学習』同時代社
行田稔彦・鎌倉博編（2000）『和光小学校の総合学習』全3冊（あらゆるテーマ，自分とモノ・生き物・自然）
行田稔彦他編著（2018）『希望をつむぐ教育―人間の育ちとくらしを問い直す』生活ジャーナル（あらゆるテーマ，日本生活教育連盟）
児美川孝一郎（2007）『権利としてのキャリア教育』明石書店
――（2013）『キャリア教育のウソ』ちくま書房
子安潤（2013）『リスク社会の授業づくり』白澤社（放射線・原発教育，エネルギー教育）
佐伯胖・田中仁一郎（1999）『フレネ教育 コンピュータのある教室』青木書店（リテラシー教育，メディア教育，情報教育）
阪野貢監修（2006）『福祉教育のすすめ―理論・歴史・実践』ミネルヴァ書房
佐藤郁也（2006）『フィールドワーク増訂版―書を持って街へ出よう』新曜社
佐藤真久他編著（2017）『SDGsと環境教育―地球資源制約の視座と持続可能な開発目標のための学び』学文社
佐藤学・木曽功・多田孝志・諏訪哲郎編著（2015）『持続可能性の教育―新たなビジョンへ』教育出版（ESD）
杉浦真理（2013）『シティズンシップ教育のすすめ―市民を育てる社会科・公民科授業論』法律文化社
諏訪清二（2015）『防災教育の不思議な力―子ども・学校・地域を変える』岩波書店
髙橋陽一編（2015）『造形ワークショップ入門』武蔵野美術大学出版局
竹内常一・佐藤洋作編著（2012）『教育と福祉の出会うところ―子ども・若者としあわせをひらく』山吹書店（福祉教育）
田中治彦他編著（2016）『SDGsと開発教育―持続可能な開発目標ための学び』学文社
千葉保（2011）『食からみえる「現代」の授業』太郎次郎社エディタス
東京大学教育学部附属中等教育学校編著（2005）『生徒が変わる卒業研究―総合学習で育む個々の能力』東京書籍
徳水博志（2018）『震災と向き合う子どもたち―心のケアと地域づくりの記録』新日本出版社（復興教育，自分と人々・地域・日本・世界）
鳥山敏子（1992）『いのちに触れる―生と性と死の授業』太郎次郎社（被曝労働）
中野民夫・森雅浩・鈴木まり子・冨岡武（2009）『ファシリテーション―実践から学ぶスキルとこころ』岩波書店
中野光・田村真広・行田稔彦編著（2006）『あっ！ こんな教育もあるんだ―学びの道を拓く総合学習』新評論（あらゆるテーマ，日生連）
永田佳之編著・監訳（2017）『新たな時代のESD サスティナブルな学校を創ろう―世界のホールスクールから学ぶ』明石書店（自分と他者，自分と自分）
長沼豊（2003）『市民教育とは何か―ボランティア学習がひらく』ひつじ書房
――（2008）『新しいボランティア学習の創造』ミネルヴァ書房
西村隆男編（2017）『消費者教育学の地平』慶應義塾大学出版会
日本弁護士連合会（2011）『日弁連 子どもの貧困レポート―弁護士が歩いて書いた報告書』明石書店
"人間と性"教育研究所編集（2001）『小学校の「性と生」の総合学習（からだ・こころ・いのち）』子どもの未来社
橋本紀子・池谷壽夫編著（2018）『教科書にみる世界の性教育』かもがわ出版
ビースタ，ガート／上野正道・藤井佳世・中村（新井）清二訳（2014）『民主主義を学習する―教育・生涯学習・シティズンシップ』勁草書房

深谷圭助（2015）『辞書引き学習が自分でできる！』宝島社
ブラウン，レスター・R／枝廣淳子訳（2012）『地球に残された時間―80億人を希望に導く最終処方箋』ダイヤモンド社（環境，水，食，温暖化，エネルギー，貧困）
間森誉司（2012）『小学校社会科地域学習指導ハンドブック―沖縄から北海道まで活かせる』フォーラムA
箕浦康子（1997）『地球市民を育てる教育』岩波書店
宮下与兵衛（2016）『高校生の参加と共同による主権者教育』かもがわ出版
山下敏雅・渡辺雅之編著（2017）『どうなってるんだろう？　子どもの法律～一人で悩まないで！～』高文研（法教育，人権教育）
湯浅誠（2008）『反貧困―「すべり台社会」からの脱出』岩波書店
ヨハン・ガルトゥング／藤田明史・奥本京子・トランセンド研究会訳（2014）『ガルトゥング紛争解決学入門―コンフリクト・ワークへの招待』法律文化社
リップマン，マシュー他／河野哲也・清水将吾訳（2015）『子どものための哲学授業』河出書房新社
早稲田大学公民教育研究会編著／高山次嘉監修（2001）『共生と社会参加の教育』清水書院
渡辺弥生（2011）『子どもの「10歳の壁」とは何か？―乗りこえるための発達心理学』光文社

■コラム④　新しい学力観（1991年－）

　学習指導要領の1989年改訂の趣旨は，1991年に示された「新学力観」（または新しい学力観）として示された。現在も評価政策としては存続している。

　「関心・意欲・態度」という観点が，知識・技能よりも重視されたものであり，通知表・通信簿や内申書・調査書（およびそれらの原簿としての指導要録。図④．1参照）で，各教科の筆頭に格上げされたことに表れた。

　その成績づけのために，挙手点検・ノート点検・忘れ物点検・チャイム席・ベル着ほかが重視され，かつ成績評価で加点された。そうして内申書・調査書も重視され，それらをもとにした推薦入試・AO入試が私学以外に広がり，公立高校・国立大学でも始まったのである。

　当初の意図は，国際的な比較調査が示した日本の子どもの学習意欲の低さ，自己肯定感まで低い事態の克服にあった。他方で，一部の教育学者や教員組合から，よい子競争・忠誠競争などが懸念され，批判が寄せられた。

　実際のところはどうなっただろうか。点検活動では，知識・技能が身につかなくても，先生の評価を気にかけて，評価される場面だけで努力して取り繕うことがなかったか。日々評価される学校生活や面接練習などにより，ホンネを隠す，関心・意欲があるように装う，自分を取り繕う，他者向きの自分をつくり上げるといった訓練がされていないか。学校での評価や内申書に回収される限りの主体性でしかないのではないか。これでは処世術しか身につかない。

　問題なのは大人からの評価のみめざした勉強にとどまり，それ以外・以上はしないこと，目の前の担当教員による評価・内申点，点数や偏差値のデータへの服従でしかないことであろう。広く社会の問題や価値観に関心が向かないし，ふれたがらないのも無理はない（そもそもがボランティアなどが盛んになる可能性をもっていたにもかかわらず）。

　もっとも深刻なケースは，ホンネがないという子や学生であろう。自分の考え，したいこと，なりたい像が本当にない人がいないか。親や教師に合わせてきたので考えたこともないということはないか。『ほめ

ない子育て』(汐見稔幸, 1997年) という本もある。

または, ホンネが幼少期から押し殺されすぎ, ときにもってはいけないかのように思わされていないか。青年期や社会人になり, 精神を病む例の一因かもしれない。(第2, 4, 7章参照)

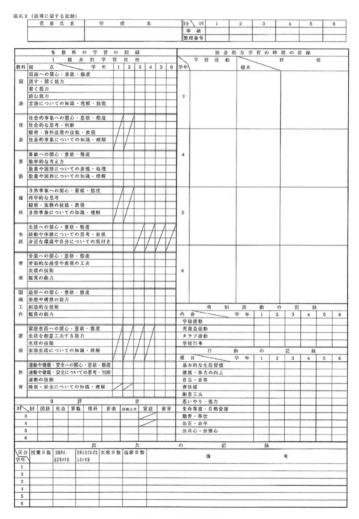

図④.1 指導要録の例
出所:文科省ウェブサイト http://www.mext.go.jp/component/b_menu/shingi/giji/__icsFiles/afieldfile/2009/11/18/1285276_2.pdf

第7章
かくれたカリキュラム

1 「かくれたカリキュラム」概念が切り拓いた知見

(1) 顕在的カリキュラムとかくれたカリキュラム

これまでの章では，カリキュラムのうち，学習が計画化・組織化されている側面について学習してきた。教育課程行政が示す学習指導要領などの基準，各学校で編成する年間指導計画，教育課程編成表（いわゆる時間割を含む）や，教師の作成する授業計画，学習指導案など（図1.4）を顕在的カリキュラムという。

日本の教育課程を考えると，学校教育法，学校教育法施行規則，学習指導要領とその解説など国による規制も受けながら，各学校で，また各教師が「何を，いつ，どのように子どもに教えていくか」について考え，教えるべき知識，技能，価値を教育目標として明示化するわけである。

だが，教室における教師と子どもの相互作用を通して伝達され，獲得されているのは，教育目標としてこのように顕在化されたものばかりではない。

たとえば，子どもが始業・終業のチャイムや時間割に従って行動することで，時間は守らなければならないという規範が知らず知らずのうちに刷り込まれることなどを想起してほしい。

このように，教師が意図したわけでもないのに，多くの場合，子どもたち自身も無意識のうちに特定の知識・技術・価値を身につけてしまう働きを潜在的カリキュラム，または「かくれたカリキュラム (hidden curriculum)」と呼んでいる。ヒドゥン・カリキュラムと英語のまま呼ばれることもある。

以下では，主に「かくれたカリキュラム」という用語を用いて論じていく。

（2）教室での相互作用に着目した「かくれたカリキュラム」論の展開

かくれたカリキュラムという言葉は，1970年代にアメリカの社会学者ジャクソン（Jackson, Philip W.）によってはじめて使用された。ジャクソンによれば，潜在的カリキュラムとは，「主として学校において，表立っては語られることなく，暗黙の了解のもとで潜在的に教師から伝達されるところの規範，価値，信念の体系である」（Jackson　1968）。

その後，かくれたカリキュラムは教室内での非対称的な教師‐子ども（生徒）関係において，特定の知識や価値，行動基準などを獲得することが暗黙裡に要請され，実際に学習される作用をさす概念として用いられる[1]。

かくれたカリキュラムは，教室において生徒が習得しなければならない暗黙の価値基準である。したがってそれは，何が妥当な知識であり，いかなる態度・行動が望ましいかを決定し維持する社会統制の機能をもっている。

教室における相互作用に着目したかくれたカリキュラム論の知見は，今日の日本におけるカリキュラム論にも生かされている。

日本の教育課程は，「特別活動」領域を含むなど，人間形成の領域をかなり幅広く組み入れている点で，他国に長じている（恒吉　2008）。

だが，教師が授業の場面に応じて講じる手立てや声かけ，教師の態度，教室環境，教材やメディアの選択などによって，授業における子どもたちの学習の質と量が左右される「実践されたカリキュラム」についてはあまり意識されてこなかった（山内　2013）。

また，カリキュラムが子どもたち自身にどう経験されたか，授業を通してどんな学習経験をしたか（「経験されたカリキュラム」）を評価する必然性も生じてきた（同上）。

教師が行う教育実践は，教育計画をそのまま遂行する営みではなく，絶えず子どもの関心や反応というかたちでのフィードバックを受ける。子どもたちに授業で，実際に何が経験されたかを吟味し，次の授業の展開，計画の修正につなげていくことも必要になっている。

（3）支配勢力が刷り込もうとする「かくれたカリキュラム」

かくれたカリキュラム論の成果としてもう1つ重要なのは，特定の国家や社会において支配的な価値や行動様式が学校教育を通して子どもに刷り込まれる側面を明らかにしたことである。「国家のイデオロギー装置」（アルチュセール）として「かくれたカリキュラム」が果たす作用が明らかにされたのである。この系譜には，ネオ・マルキシストのボールズ（Bowles, S.）や，文化的再生産論者のアップル（Apple, M.），脱学校論者のイリッチ（Illich, I.）などが含まれる。

ボールズは，学校が社会の分業体制に適応すべく子どもたちを予期的に社会化している事実に注目した。彼によれば労働者階級の子どもは，将来有能な労働者にふさわしい几帳面さ，勤勉，命令に対する従順さ，上司への尊敬といった人格特性を教え込まれる。学校はかくれたカリキュラムを通して階級文化の注入と分業体制の再生産に寄与している（Bowles & Gintis　1977）。

また，イリッチは，学校教育における抑圧的儀礼そのものをかくれたカリキュラムと呼び，学校において，また学校的な仕組みにおいて伝達される知識，技能，価値こそが正統であると人々に思いこませるイデオロギー作用をかくれたカリキュラムとして批判している（イリッチ　1977）。

特定の国家や地域の支配層が既存の社会秩序の維持，強化を意図して，学校教育のカリキュラムに目立たないように特定の知識や技能や価値を滑り込ませている側面がある一方，教師自身が知らず知らずのうちに，特定の支配的価値を，自らとは異なる社会的・文化的背景を有する子どもに押しつけてしまう側面もある（アップル　1986）。こうして，学校教育こそが階級・階層，民族，人種，言語，ジェンダーなどにかかわる，平等とはいえない既存の社会秩序の再生産を助長する作用を果たしている側面が明らかにされたのである。

なお，「再生産」という点にかかわって，「文化資本」という概念も重要である。文化資本とは，家庭環境や学校教育を通して各個人のうちに身体化され蓄積されたもろもろの知識・教養・技能・趣味・感性，物資として所有可能な文化的財，学校制度やさまざまな試験によって賦与された学歴・資格のことである（ブルデュー　1990）。

2 「かくれたカリキュラム」論からみる日本の教育課程の変遷

（1）日本の学校では何が刷り込まれてきたか

では，日本の学校では，かくれたカリキュラムとしていったいどんなことが，誰の思惑によって，刷り込まれてきたのだろうか。

学校で伝達－獲得される知識（以下，学校知識）はそれを学ぶ者に対して，特別な担い手（教師）の権威と，学習内容の選択，学習の順序，時機，進度に関する特別な規制の受入れを迫り，またその習得状況を授業場面や試験において絶えず監視・点検するという点で，ほかの知識とは区別される特徴をもっている（本田　2008）。

学校知識がそれを学ぶ者に要請するこうした特別な関係とルールは，子どもたちが生活・労働の過程で自然と身につけるに任せているかぎり習得に莫大な時間と試行錯誤を要したり，習得が不可能であったりするような諸知識を体系的，集中的，効率的に分かち伝える必要性が生みだしたものである。

だがもう一方でそうした関係やルールは，多くの子どもにとって意義や効能の感じられない知識の詰め込みを，日常的点検と競争を通じて強要し，かれらの興味や切実な問題関心に根ざした知的探究からの疎外をもたらすものにもなっている。

さらに，学校知識はそれを習得しようとする者に対して，その行動や知覚，身の構え方や姿勢のとり方を規定するような潜在的方向づけ作用を及ぼし，そうした方向づけに基づく態度や行動を示すことを絶えず迫ってもいる。

バーンスティンは，こうした「秩序と関係とアイデンティティを創出する道徳的ルール」を「規制言説（regulative discourse）」と呼ぶ。

ここで重要なのは，学校知識は「種々のスキルとそれらの相互関係を規制するルール」である「教授言説」が，道徳的ルールである「規制言説」に埋め込まれた図式（＝「教授言説／規制言説」）のもとに成立しており，教授言説の基本的性格が規制言説によって規定される関係のもとで両者が一体となって学校知識秩序を形成しているという指摘である（バーンスティン　2000：82-83）。

この図式が示すのは，教室で学ぶ子どもたちの行動や態度に及ぶ潜在的方向

づけ作用のありようが，そこで実際に学ばれる知識の「何を（what）」と「いかに（how）」に関する基本的性格を規定しているということである。

　バーンスティンの知見がすぐれているのは，かくれたカリキュラムが二重に作用している点を指摘していることである。より根底的なところに，ボールズ，イリッチ，アップルらが指摘してきた支配的な価値や行動様式（「規制言説」）の刷り込みがあり，さらにそれは授業においてかくれたカリキュラムとして要請される学習のさまざまなルール（何を，どうやって，どういう順序で，どういう形態や関係のもとに学び，どう評価されるか）も規定しているということである。

　さて，およそ近代学校においては，誰もが1人として逸脱することなく，しかも「同じやり方で」作業が進行すること（「標準性」），与えられた課題をほかに遅れることなくこなすこと（「同時性」），遊び（自由な活動）を疎み，上位者と下位者との支配と服従関係に順応すること（「集中（勤勉）性・権威（序列）性」）が規律を生みだす支配的価値理念として教師と子どもたちの意識に浸透し，その行動や姿勢を枠づけてきた（片岡　1994）。子どもたちは知識の習得状況を絶えず点検・相互比較されるなかで，一律のペースで進行する学習に遅れをとることを悪徳や恥として受け止め，成績順位に基づいてあてがわれた序列をもっぱら自らの努力に帰すべきものとして甘んじて受け入れることを学んでいくのである。

　こうした「画一的，没個性的，敵対的競争主義的な業績原理」というべきものに基づく規制言説は近代学校において支配的なものである。もちろん学校では，学び合いと助け合い，平等，個性尊重といった，いわば「協（共）同的・社会的」価値に根ざす道徳的秩序の実現がめざされ，制度面でも実践面でも実際に数々の工夫と努力がなされている。

　しかし，近代学校において支配的な競争主義的・個人主義的な価値は教師が子どもの成長発達を捉えるまなざしや子どもたち自身の学習観に深く浸透して，教室に安心と信頼を基調とした学び合い，育ち合いの雰囲気が生まれることを妨げる作用をもたらす。またそれは，知識の機械的記憶と再生を中心とする学

習スタイルを要求し子どもたちを知的探究から疎外している教授言説（教育内容の編成および伝達を規制するルール）に根を深く下ろし，誰にも容易には動かしがたい学校知識秩序を生みだしている。以下では，このような学校知識の一般的特徴を，日本の場合における表れにも注目しつつ，詳しくみていくことにしよう。

（2）「要素的学力観」に基づく学力獲得競争の正統化作用

日本の学校知識は，それを学ぶ者に要素還元的，手続き的，断片的知識を収集し，記憶し，正確に再現することを強く要請する。中内敏夫は日本の学校がかくれたカリキュラムとして子どもに刷り込もうとする価値を「要素的学力観」（中内 1999）と呼んだ。要素的学力観とは「学校でいろいろ教えてくれることは，意味がわからず意義が見いだせなくても，できるかぎりたくさんとりこんでおけば，いつかは役立つかもしれない」といった知識観・学力観のことである（同上：95-97）。

このような学力観は，子どもたちにとって学ぶ意義や効能を実感しにくい，雑多で相互に関連性の見いだしにくい知識をできるだけ多量かつ正確に収集・記憶することを迫り，教科知識と自らの着想を結びつけて認識世界を広げ，深める機会から多くの子どもたちを疎外してしまっている。

要素的学力観が浸透した背景には，日本の近代学校制度に対する歴史的な要請があった。すべての階層にとっていわば「異文化」であった西洋の科学・文化知識の大量かつ効率的な伝達を重要な課題としていた近代日本の学校は，子どもたちの学習状況を日常的に点検し，獲得された知識の量や程度を測定し競わせる仕組みを取り込んだ。

こうした仕組みが普及する過程で，「どれだけ多くのことを記憶していて，どれだけ正確に答えられるか」といった，学校外の生活・労働世界においては人々の間に必ずしも優劣を生みださないことがらに特権的価値を付与する要素的学力観が，学校制度の担い手と利用者に浸透していく。それは教師，父母，子どもたちの意識に刷り込まれていった。さらに，職業世界における将来の地

位を保証する象徴的な交換価値としての学力（＝「学歴」）の価値が高まった1960年代以降には職業世界における人物評価基準にも深く浸透しながら，子どもたちの間に学力・学歴獲得競争を激化させていったのである。

（３）「断片化された知識」の獲得競争が生み出す序列の正統化

バーンスティンの知見に照らせば，要素的学力観に基づく日本の学校知識は，子どもに対していわば二重の刷り込みを行っている。

まず，要素的学力観が深く浸透した日本の学校知識は，スキルや技能の相互関係や伝達に関して，相対的に独自な性格をもつルール（バーンスティンのいう「教授言説」）を学習者に刷り込んでいる。要素的学力観に基づく教授言説は，人間のさまざまな能力や人格的特質を相互に有機的連関を欠いた別個の「要素」として把握しようとする。

教育目標－評価枠組みに即してみれば，総じて日本では，学校での学習を通じて子どもに生じることが期待される認識・行動上の変化を動的かつ構造的に把握しうるような目標・評価観点が生まれにくい。

日本のナショナル・ミニマムである学習指導要領は，そこに指導すべき事項として並べられた内容を，何が知識の骨格として何度もなぞられるべき内容で，何が付随的知識かといった見通しのもとに関連づけて示すつくりには程遠い。また，新学力観（新しい学力観；コラム④）に基づく1991年改訂の指導要録が打ち出し，2010年改訂版の指導要録にも基本的に引き継がれた「知識，理解」「技能」「思考・判断・表現」「関心・意欲・態度」という評価観点をみても，たとえば学習の全過程において貫かれるべき「関心・意欲・態度」が「知識・理解」と分断され，「知識」が「思考・判断」の過程や「表現」を介して深い「理解」を伴うものになっていくような過程の構造的な把握を欠いたまま各観点を別個に評価するものになっている。

学習指導要領と指導要録が定めるこのような目標・評価観点は教育現場を一律に拘束している。そうした状況では，授業はどうしても種々のテスト得点，ワークシートやノートの記入・提出状況，挙手や発言回数など目に見えて，比

較の容易な指標を通じて子どもたちの一挙手一投足を監視・点検する活動を中心として組み立てられがちとなる。

　もう1つの刷り込みは、スキルや技能を要素化・断片化した形で獲得することを要求するルールをより根底で規定する「秩序と関係とアイデンティティを創出する道徳的ルール」（バーンスティンのいう「規制言説」）によって行われる。

　要素主義的学力観に基づく学校知識は、要素的知識の獲得量と程度をめぐる学力・学歴競争を子どもたちに強い、しかもこうした競争の結果生じた序列と格差を人々に正統なるものとして受け入れることを迫る。学力・学歴獲得競争が生みだした序列と格差は、「すべての者が同じ条件のもとで努力し、競い合った結果として生じたものだから」という論理のもとに、教師にも父母にも、そして子どもたちにも自明で正統な秩序として受けとめられるようになる。

　このとき、子どもたちがそれぞれに背負っている社会＝文化的背景や心理人格上の特質、それらと不即不離に形成されたかれら自身の認識・思考枠組みや育ち・学びの要求は沈黙させられる。第3節にみる、貧困や文化的背景の違いなどによって社会的に生みだされた学習や学校生活における困難はあくまでも個人的属性としての「低学力」や「学習意欲のなさ」「生活態度の悪さ」などとして読み替えられ、子どもたち個々の責任に帰されてしまうことにもなる。

（4）「コンテンツ」から「コンピテンシー」への基調変化の陰で進行するもの
　2017年には小・中学校、2018年には高校の学習指導要領が改訂された。この改訂では、一般的・汎用的な「資質・能力」の伸長・発揮が目標として掲げられた。日本の教育課程の基調が、「コンテンツ」から「コンピテンシー」へ、教科・領域の個々の指導事項の習得よりも、それらを媒介としてより一般的・汎用的な能力を身につけさせる方向へと変化したともいえる。

　こうした転換は、「新しい学力観」を掲げて1991年に行われた指導要録改訂（前節）から模索され、自ら考え学ぶ力（生きる力）を目標に掲げた1998年（小・中学校）・1999年（高校）の学習指導要領改訂、さらにこのいわゆる「ゆとり教育」路線の学習指導要領を大幅に見直したといわれる2008年（小・

中)・2009（高）年改訂にも通底していたとみることもできる。

　だが，この方向性が一段と明確になったのは，やはり今次（2017・2018年）の学習指導要領改訂であろう。この改訂では，教育課程全体を通して，各教科・領域で身につける「資質・能力」として「知識及び技能」「思考力，判断力，表現力等」「学びに向かう力，人間性等」を掲げている。

　教科・領域を横断する学習が推進され，子ども自身による「主体的・対話的で深い学び」の促進が授業づくりの「視点」とされるなど，要素的学力観に基づくスキルや技能の相互関係に関するルールの転換が模索されているようにみえる。

　だが，日本の学校知識が子どもに要請する「秩序と関係とアイデンティティ」に関するルール，「画一的，没個性的，敵対的競争主義的な業績原理」を正統化する作用はむしろ強められている。

　「資質・能力」なるものの強調は，学校知識の獲得とそれに基づく評価を通した序列・格差を打開するものでは決してないということである。

　むしろ，その内実が不確かな「空虚な」資質・能力を伸ばし，発揮せよという言説は，一見個人が多面的な能力を自由に発揮することを奨励しつつ，実際には属身的なものを含めたあらゆる能力・特性を動員し，組織，労働・雇用形態，知識とスキルの絶えざる再編統合を伴うグローバル化した市場への適合性・貢献性を絶えず評価し続けるものなのである。

3 かくれたカリキュラムによる支配的な文化・生活様式の抑圧

（1）学校教育がもたらすのは「発達」か「断絶」か

　第1節では，学校教育がかくれたカリキュラムを通して階級・階層，民族，人種，言語，ジェンダーなどにかかわる，平等とはいえない既存の社会秩序の「再生産」を助長する作用を果たしている点にふれた。ここでは，経済的・文化的・社会的に不利を被っている子どもたちの認識が，学校教育において正統とされる認識によって抑圧される側面を捉えてみたい。

　学校教育においては，所与の文脈を超えた普遍的な意味を志向するメッセー

ジ体系への参入が要請される。だが，所与の文脈に密接に結びつけられ，それゆえそうした文脈を超えることのない特定の意味を志向するメッセージ体系のなかで社会化された労働者・庶民階級や貧困家庭の子どもたちにとって，学校での学習は「発達」ではなく経験の「断絶」となりうる。

　さらに，学校での学業達成の成功・不成功を教育環境でなく地域・家族・子ども内部の欠陥要因と結びつける「文化的剥奪論」が支配的であるとき，経済的・社会的・文化的に不利を被る子どもの発達の促進は，かれらの生活意識や文化的価値観を校門で洗い落とすことを促し，子どもとその家族に対して支配的な文化・生活様式の受け入れを迫るものとなる（Bernstein　1977 = 1971, Chapter10）。

（2）学校で何が「洗い落とされる」のか

　では，さまざまな不利を被っている子どもたちが家庭や地域で「文化的剥奪」を受けているとされ，それを学校教育で是正すべきだという議論のどこに問題があるのだろうか。

　すべての子どもたちに「等しく」「共通の」学校知識が伝達され，獲得されるという場合，学校知識の伝達・獲得がある子どもにとってはさらなる認識の発達を促進する過程として，ある子どもにとっては慣れ親しんだ文化・生活様式からの離脱と慣れない文化・生活様式への強制的統合の過程として経験されることになる。では，何がこうした分岐を左右するのか。バーンスティンによれば，子どもが生まれ育つ家庭における社会化が主として「限定コード」によって行われるか，「精密コード」によって行われるかによって，学校で行われる学習への適応がスムーズに進むか，困難を伴うかの分かれ目が生じる。

　「限定コード（restricted code）」に基づく認識は，子どもが自らの手，足，目，耳などを使って自然や社会に働きかける経験を通じて獲得される。対象とのこうした何らかの感触を得てのちに，自然や社会に潜む法則が子どもなりに「対象化」されているのである。このように対象化された認識は子ども自身の経験を通じて感得されたことがらに裏打ちされているところに強みがある一方

で，体系性を欠き，偶発的要素に左右され，対象の正確な認識を欠き，特定の文脈に閉じている。

限定コードに基づく社会化によって獲得される知覚・感覚様式は，「これは（いつも）これ，あれは（いつも）あれ」といった，ある事物，事象とほかの事物，事象を分かつ境界を強く意識し，たとえば事象 ABCD のそれぞれを個々別々で関連のないこととして，あるいはせいぜい粗雑な因果関係として認知する。

これに対して子どもたちが学ぶ学校知識は，「いま，ここ」というローカルな文脈を超える指向性をもつ「精密コード（elaborated code）」に基づくものである。精密コードに基づく社会化は，何らかの事物，事象がほかの事物，事象との間に形成している，そのままではみえない関係を見いだすような知覚・感覚様式を形成する。精密コードに基づく知覚・感覚は，現時点における事物，事象を所与のものとしてみなしてしまうのではなく，それに多くの解釈あるいは意味が付与されることを許す。ある事物，事象があれこれ探究してみるための中心となり，諸々の関係づけを行っていくための出発点とみなすような認識過程を生み出し，より一般的かつ専門的な事物や事象の認識が形成される端緒になるものとされる。

限定コードと精密コード，2つの知覚と感覚様式は質的に異なる秩序をもっている。限定コードにおいて社会化された子どもは，新たな語彙を獲得したり，現在身につけている語彙の意味を拡張したり，新たな秩序のもとに意味づけたりすることの意義を感情的，認識的に内面化していないことが多い。こうした子どもにとって，学校における学習はもともと身につけている基本的な知覚のシステムの変革という困難な要求を突きつける課題となる。

たとえば数学教育の場合では，分数や小数，百分率を，ある部分の全体に対する割合を表す概念として統一的に捉えることが課題となる。だが，限定コードに基づく知覚・感覚図式が優勢な子どもにとっては，そもそも分数や小数，百分率といった抽象的な数概念を学習する意義を見いだしにくいのみならず，これら概念が獲得される場合にもそれぞれが別個のものとして，いわば一対一

対応的に獲得され，概念間の関連が見いだされにくいという問題が生ずることになる（Bernstein 1977 = 1971, Chapter10）。

　限定コードが支配的な日常生活文脈と，精密コードに基づく学校学習文脈間の移行，接合，往還関係を確保することが，学校教育においては常に課題となる。教科の学習においては，学習内容と生活との直接的連関が切れた途端に学習が形骸化し，教科知識と子どもの着想とが結びつかず乖離する危険が常に存在する。日常生活文脈と学校学習文脈の往還関係が確保され，教室で伝達される教科知識が，抽象的な科学的領域において強力であると同時に，具体的な生活的領域においても強力であるような統一的な概念体系を形成するに至る過程が解明されなければならない。

4　かくれたカリキュラムの転換・活用―評価の方法と教師教育
（1）子どもの「文化」と教師が出会うこと

　学校知識の内容と様式，そしてその伝達‐獲得過程自体に浸透している階級・階層的バイアスを意識化することが，学校制度と授業実践を通じた言語的・文化的資源へのアクセスと利用に関する平等の実現，教育制度を通じた社会的・文化的不平等の是正への第一歩となる。

　かくれたカリキュラムにかかわる一連の知見は，教師が授業のなかで示す姿勢や振る舞い，まなざし自体が，支配的な価値観を子どもに伝達している（してしまっている）ことを明らかにしている。そして，教師自身がその生育過程のなかで身につけてきた認識や価値を，目の前にいる子どもたちが身につけているそれらを想像的に理解することで見直すきっかけを与えてくれる。

　再びバーンスティンによれば，「未来の教師」たちは，教師のもっている文化がその子の意識の一部となるべきものならば，その子の文化がまずもって教師の意識のなかに取り入れられていなければならないことを学ばなければならない。教師もまた，子どもが学校にもち込む「文化」と絶えず出合いなおさなければならないのである（Bernstein ibid, p.199）。

（2）カリキュラム観の転換に向けた教師教育の試み

　教育評価論の領域からは，「真正の評価」論（オーセンティックな評価論）が提起されている。その意義はまず，日本において支配的な要素的学力観に基づく目標－評価枠組みの組み換えを提起していることにある。学校教育を通して子どもがそれぞれの能力，認識，思考をどう発達させ，発揮していくかをより動的に，相互関連的に捉える「パフォーマンス評価」の考え方に基づいて評価規準をどのようにつくり，運用していくべきかについてアイデアが提起されている。

　また，子どもの学習の文脈が人工的ではなく，その日常生活の文脈に即したものとして展開され，学習された内容が日常生活においても発揮されることを保障しようとする発想も大切である。そのために，真正の評価論は，「質」の高い目標の設定と評価関係者（ステイクホルダー）の主体的・構成的な評価行為への「参加」の保障を求めるものである（西岡・石井・田中　2015）。

　目の前の子どもが切実に求める学び，身につけたいと願う力とは何であり，それをどのような過程を通して身につけさせるべきか。第一のステイクホルダーである子どもによる評価行為への「参加」を通して，経済的・社会的・文化的不利益を被っている子どもをどのようにエンパワーメントできるか。教師がこうした意識の変革を伴って新しい教育目標・評価の考え方を学ぶとすれば，社会の不平等と格差を再生産するかくれたカリキュラムを打破するきっかけとなるかもしれない。

　教師教育のなかにかくれたカリキュラム論の知見を積極的に位置づけようという試みもある。教師教育担当者が，文化的に多様な子どもを相手にする授業実践において重要だが，なかなか明示的に教えられないカリキュラム理論とその応用の学習機会を教師教育プログラムに組み込む。事前段階，実践の過程，事後段階における理論の応用と，教室の状況をふまえた省察，適切かつタイミングよい働きかけなど，ともすれば教師教育カリキュラムで周辺的なことがらとして認識されてしまうことを明示化しようとする試みである。こうして，未来の教師たちは，自らとは異なる成育歴，自らを培ってきたそれらとは異なる

思考・認識や生活・文化様式をもつ子どもたちに関する知見と，かれらを教える仕事においてどう対処すべきかを学ぶ（OECD教育研究革新センター　2014, 第6章）。

（3）教師教育におけるかくれたカリキュラム克服の課題

教師教育の内容において，これまで必ずしも重視されてこなかった，かくれたカリキュラムに関する知見を取り入れることには意義がある。

ただし，かくれたカリキュラムに関する知見が教師教育のなかに意図的・明示的に組み込まれることで，学習者にとってこうした知見がいわば「他人事の知識」として，自らと直接にはかかわりない知識として獲得されてしまう危険が生じる側面にも着目しておかなければならない。そうではなく，どうすれば教師教育に組み込まれたかくれたカリキュラムの知見が，未来の教師自身の経験と統合され，多様な経済的・社会的・文化的背景をもつ子どもの成長や学習の過程を支援する力になるのか。かくれたカリキュラムを扱う教師教育における，かくれたカリキュラムの問題を認識しておかなければならないのである。

相互作用的な教育実践の展開においても，子どもとともに教育実践を営む教師の創造的な指導性の成長と発揮にかかわる教師教育（教員養成および現職教育・研修）においても，目標や手続きが明確なプログラムを編成することは必然的であるが，もう一方では目標や手続きが不明確または不確定な手探り状態で，瞬時の暗黙的な選択と判断が求められ，それにどう対処するかを求められる側面がある。

（4）教師としての力量の明示的側面と暗黙的側面

教師教育でかくれたカリキュラムを学ぶという場合には，かくれたカリキュラムに関する知見が獲得されるべき知識や考え方としてテクストに明示化され，獲得すべきスキル，能力も可視化されれば，学習プロセスの計画化・体系化が可能になる面はあるだろう。

いっぽう，かくれたカリキュラムに関する知見を未来の教師が学ぶ際には，

子ども自身に暗黙裡に要請され，経験されるカリキュラムに関して自らがとるべき行動，知識，実践，規準の新しい形，ないし今より発展した形が，モデルとなりうる特定の個人に半ば属身化された形での模範の提示によって，またその模倣を通じて暗黙裡に獲得される側面もある。

　獲得すべき知識やスキルの「よりよい」形は明示化され，そこにたどり着くまでのステップにも計画性がある。ただし，よりよい形は伝達者の行動や人格と不可分の，いわば属身的なものとして，知識やスキルの獲得と向上のステップは伝達−獲得活動が行われる関係性のなかでまさに暗黙裡に示され，読み取られることもあるのである。

　学校制度と授業実践を通じて不平等と格差を再生産するかくれたカリキュラムの作用を自覚し，子どもたちの間の文化的不平等を是正しようとする意識と力量を身につける教師教育においては，自らと経済的・文化的・社会的背景を異にする子どもへの理解と，こうした子どもが広く深く世界を認識し，行動できることを援助する過程を明示的に示す試みが大切である。

　教員養成の目標，基準，プロセスに対する画一的で抑圧的な標準化が進行する状況においては，政策主導のもとで，「授業で培う力はこれをこのように捉えればよい」「教員の指導力はこの要素とこの要素からなります」といった一見したところわかりやすいリスト化・指標化がなされ，そこにかくれたカリキュラムに関する知見が抜け落ちることで，「教師になるうえではさして重要でないことがら」と認識される危険性がある。

　そういう意味では，先にみたように，教師教育にかくれたカリキュラムに関する知見を組み込む意義は大きい。かくれたカリキュラムに関する知識が明示化されることで，こうした知識が「他人事」として学ばれる危険をはらむことになったとしてもである。

　ただし，それだけでは不十分である。未来の教師たちには，プログラムであえて意図的・選択的に明示化された課題やそこからの知見を，目の前の子どもに即して自らの経験のなかに統合していくことが求められる。

　「みえない」形，暗黙裡にしか把握しえない知見と技術と，それらを獲得す

る過程そのものを，困難とともに発見と喜びに満ちた学習の機会として捉え返し，自らの力量を向上させていくことも求められるのである。

深い学びのための課題
1. あなたの学校生活や社会生活のなかには，かくれたカリキュラムがどのように作用しているだろう。学校生活や社会生活を振り返って，知らず知らずのうちに特定の価値や規範を刷り込まれている経験はないか。あるとすれば，それはどんな価値や規範を，どのような場面において刷り込まれているのか考えてみよう。
2. あなたが教師になるとして，あなたとは違う文化や生活様式（家庭環境）のなかで育ってきた子どもに対して，どんな言葉かけや働きかけができるだろうか。本章で学んだかくれたカリキュラムに関する知見をふまえながら，授業の場面や生活指導の場面など，具体的な事例を想定して考えてみよう。

注
1) ジャクソンは，教育における暗黙の合意システムを指して「かくれたカリキュラム」ということばを使ったが，このときはクラス・ルームの集団的雰囲気を意味する社会心理学的な形容的記述にとどまっていた。その後，解釈的アプローチや，英国での「新しい教育社会学（new sociology of education）」の出現にともなって，1970年代にはいると現象学的な解釈と意味付与のネットワークとしての「かくれたカリキュラム」という捉え方が生まれた。たとえばスタブズ（Stubbs, M.）は，教室内における教師の言語使用に注目して，特定の知識が教師による表立った言明よりも潜在的メッセージを通して生徒に伝達される様子を描き出した。スタブズの場合は，それが教師と生徒の交渉（状況定義の妥協）のなかで解釈を通して構築され，相互にリアリティを分有していくプロセスに着目している。

引用・参考文献
アップル，M./門倉正美他訳（1979／1986）『学校幻想とカリキュラム』日本エディターズスクール出版部
イリッチ，I./東洋・小澤周三訳（1977／1970）『脱学校の社会』東京創元社
ウィッティ，G./久冨善之他訳（2009／1985）『学校知識』明石書店
OECD教育研究革新センター編著／斎藤里美監訳（2014／2010）『多様性を拓く教師教育―多文化時代の各国の取り組み』明石書店
片岡徳雄（1994）『現代学校教育の社会学』福村出版
久冨善之（2000）「ペダゴジーの社会学と学校知識・学校秩序」一橋大学〈教育と社会〉研究会編『〈教育と社会〉研究』第10号
柴野昌山・菊池誠司・竹内洋編（1992）『教育社会学』有斐閣
恒吉僚子（2008）『子どもたちの三つの「危機」』勁草書房
中内敏夫（1999）『「教室」をひらく（著作集Ⅰ）』藤原書店

西岡加名恵・石井英真・田中耕治（2015）『新しい教育評価入門―人を育てる評価のために』有斐閣
バーンスティン，B．／久冨善之・長谷川裕・山崎鎮親・小玉重夫・小澤浩明訳（2000／1996）『〈教育〉の社会学理論』法政大学出版会
バウマン，Z．／森田典正訳（2005／2000）『リキッド・モダニティ』大月書店
バランタイン，J. & ハマック，F．／牧野暢男・天童睦子監訳（2011／1983）『教育社会学―現代教育のシステム分析』東洋館出版社
ブルデュー，P. &J. パスロン／宮島喬訳（1991／1970）『再生産』藤原書店
ボールズ＆ギンタス／宇沢弘文訳（1976，1978）『アメリカ資本主義と学校教育Ⅰ・Ⅱ』岩波書店
ブルデュー，P．／石井洋二郎訳（1990／1979）『ディスタンクシオンⅠ』藤原書店
本田伊克（2008）「学校で『教える』とは，どのようなことか」久冨善之・長谷川裕編『教育社会学』〈教師教育テキストシリーズ〉学文社
山内紀幸編（2013）『教育課程論』〈新・教職課程シリーズ〉一藝社
Bernstein, B.（1977／1971）Theoretical Studies Towards a Sociology of Language （*Class, Codes and Control, Volume 1*, 2nd edition）Routledge & Kegan Paul（荻原元昭編訳『言語社会化論』明治図書，1981）
Bowles, S.& Gintis, H.（1986）*Democracy and Capitalism*, R.K.P
Jackson, P.（1968）*Life in Classrooms*,New York:Holt, Rinehart and Winston

第8章
カリキュラム史——前近代から近代学校, 新教育へ

　教育とは何かときかれた際, おそらく多くの人々が何よりもまず思い浮かべるのは, 定められた時間で学校に通い, 教壇に立つ先生によって伝達された知識・技能を身につけていくプロセスそのものだろう。今日, 教育という言葉がこれほど自明視されていることは, まさしく教育・学校システムが私たちのライフサイクルないし生活世界の一角を確かに占めていることをほのめかしている。

　しかし, このように教育を性急に捉えてはならない。というのも, たとえば語源学的にさかのぼってみれば「教育（education）」はもともと「産育」や「養育」を含意していたし, 「学校（school）」は元来「群れ」の意味があり, その語源とされるギリシャ語「schole」も「余暇」を意味していたからである。

　教育が学校空間で人間形成の全般にわたって意図的かつ組織的に行われる営為をさしはじめたのは, ようやく産業革命が巻き起こした社会変動の最中にある19世紀に入ってからの出来事である。そこでの教育は未曾有の規模で組織・制度化され, 人々に出自という足かせから脱出する手段を与えたと同時に, いわば1つの自律的なシステムにも化し, まるである種の生き物かのように逆説的に, 大衆の生活世界を侵食しつつあるように思える。

　以下では, 私たちが今でも利用している教育システムがいかに諸個人の日常生活に定着し生活世界に侵入してきたかを, それぞれの時代における教育のあり方を振り返ることによって確認したうえで, こうした現象とどのように向き合うべきかを考えてみよう。

1 近代以前

（1）古代の学校と教育

　教育はいかなる社会にも存在し，人類の歴史と同じくらい古いといえる。家族，種族，村落といった同質性に基づき環節的に（互いに独立の，小規模な居住地共同体が散在している状態に）分化した原始社会においてさえ，道具の使用をはじめ，狩猟や採集というようなさまざまな生存術や，文化パターンなどに関する口頭伝承が必要だったからである。

　社会の構造が複雑になればなるほど（たとえば，文字というコミュニケーション・メディアの登場），すでになじんだそれ以前の単純な教育様式が通用しなくなる。全体社会の進歩と対応するような，より複雑な教育のあり方が生まれてきたのである。そこで，教育はもはやかつての未開社会のように年配者から若年者への言い伝えだけにかぎられず，国家という共同体からの要求を満たす役割をも担ってくる。たとえば，読み書きと計算を教え込むことで国の安定に欠かせない書記官を育成するための学校は，早くも紀元前4000年代末期の古代エジプトに現われている。また，古代ギリシャの場合，スパルタにおいては軍事的訓練を通じて兵士＝市民を育て上げるための国営の兵舎施設（「スパルタ教育」），民主的な市民政治をめざしていたアテナイにおいては家庭で教僕（身分的には奴隷でありながら，学識ある養育係）から3R's（スリーアールズ＝読・書・算）を教わった一部の中上流階層の子弟に向けて，かれらの知力と体力を鍛えるための国立教育機関（ギュムナシオン）が存在していた。さらに，そうした富裕層の子たちを中心に扱う古代ギリシャの機関は古代ローマにも受け継がれていった。

（2）中世の学校と教育

　ゲルマン人の侵入による古代ローマの崩壊とともに古代という時代が終わり，キリスト教の勢力が確実に拡大した中世に移ると，民衆を教化するための「神中心」の宗教教育が盛んになった。それが行われる主たる場は修道院であり，また扱われる教材は主に聖書などの宗教的文献（教理問答書＝カテキズムなど）

であったが，教育内容自体は古代ギリシャやローマのそれとほとんど変わらなかった。

この時代において社会はすでに血縁などの連帯による環節的分化から，各自の身分（王，貴族，聖職者，農民）にそって形成されたピラミッド型の社会構造——その最大の特徴が階層間の不平等だが——をもつ成層的分化に移り変わっているが，新たな階層が生まれる可能性は閉ざされているわけではない。中世後期に移行すると，貨幣経済が発達し，商業・貿易が広く行われるようになったと同時に商人階層は誕生した。さらにかれらの活動を通じてこれまでの中世都市と異なる新興都市は勃興し，新富豪と教会との対立ははっきりしてきた。そこで，貿易のための読み書きや計算など実務的な知識を重んじる学校が修道院学校とは別に建てられ，そして商法的な紛争事件を解決するための法学を主に扱うボロニアの大学をはじめ，パリやオックスフォードでも大学は次から次へと登場してきた。

これらの中世ヨーロッパの大学において，医学や法学ならびに神学といった専門課程に進む前に修めるべきとされる教養課程として位置づけられていたのが，その起源が古代ギリシャやローマにさかのぼる，文法・修辞・論理といった言語系の3学と算術・幾何・天文・音楽の数学系の4学で構成される「自由七科」（リベラル・アーツ）である。

このように，キリスト教が主導権を握っている世界は崩れはじめた。もちろん，全体社会の仕組みの全面的な変容はまだまだのちの市民革命によってもたらされるが，交換経済が村にも侵入していくにつれて，これまで読み書きを学ぶゆとりのなかった農民たちもその必要を感じてきた。この勢いに応じて大衆向けの学校（近代学校）はしだいに設立されることになった。

ちなみに，近代学校が成立する前の教育が基本的に複線型であったことは重要である。つまり，教育はすべての階層の子どもを一括的に扱う形で行われるわけではなく，エリート層に属するか農民層に属するかによって受ける教育もちがってくる。たとえば，イギリスのグラマー・スクールに代表されるような，教会の言語たるラテン語を教えるための古典語学校は上流階層の子弟に必要な

教養を授けるように機能してきたし，また日本でいえば，江戸時代の諸藩が藩士の子弟に儒学や武道などを教授するために設立した藩校も，藩の行政に資する武士階級の人材の育成機関としての性格が強かった。

　また，当時の学校に通ったり家庭教師を雇ったりすることで教育を受けてきたエリート層と異なり，庶民の子弟の教育に関しては，日常生活や家業の手伝いによる人間形成・社会化および丁稚奉公をはじめとする徒弟制が，その主なかたちであった。かれらは「小さな大人」として扱われていた。つまり，農業や商売などの対面的な状況において，「生きた教材」としての親・親方の会話やかれらの身振り手振りを前にしながら，生に関する知識・技術を無意識に身に染み込ませてゆくのである。意図的な教育が必要な場合であっても，それは家父による手ほどきにとどまっていた。言い換えれば，大衆の教育はいわば労働・生活が一体となっている共同体（ないし"生活世界"とでも呼べる社会）のなかに溶け込んでいた。

　とはいえ，この時期には大衆向けの学校がなかったわけでもない。たとえば日本の場合は，おおよそ室町時代の末期から徳川時代の初期にかけてのころ，それまでもっぱら寺院の僧侶によって行われてきた学問や教育がしだいに俗人の手に移っていったにつれ，教師によって経営される学校（寺子屋）が現れた。

　3R's（読み・書き・計算）を扱う寺子屋は，はじめは主として町人である商工業者やその子弟を対象にしてはいたが，やがて農民にも開かれ，庶民教育の役割を引き受けることになった。

　だが，これまでみてきた学校は，今日私たちが教育と緊密に結びつけて想定している学校ではないことに気をつけたい。私たちが経験してきたいわゆる近代学校は，大衆の生活スタイルから離れた，言い換えれば日常性を超えたテキストを使用する点からみても，学校教育と生活世界との境界線がはっきりと引かれており，その両立が維持されていたことは分かる。

　さらに，たとえ大衆向けの寺子屋を例にとってみても，第4節でみるいわゆる「近代学校」（現在の学校の源流）と比べると，「起業・終業時限」がルーズであいまいな時間の次元においても，椅子に座ることなど身体への規定がなさ

れていない姿勢の次元においても，また師匠に背を向けた私的空間が確保されている空間の次元においても，かなり異なることは明らかである。当時の学校空間のなかでさえ生活世界のような雰囲気が漂っていたのだ。

2 近世思想―新教育の源流
（1）近代の幕開け―教育システムが誕生する前夜

　古代や中世の学校には，近代的な教育システムが成立するきっかけを見いだすことは困難である。なぜなら，①その時期はまだわが子の教育という問題における家庭の優位性は著しかったがゆえ，②当時の学校によるすべての階層への包摂ができておらず，③そのうえ，市場や分業に頼る経済システムおよび官僚制によって調達される政治システム，ひいては全住民を構成員とする国民国家が未発達のため，教育システムの登場を必要とする人材育成の職業教育や国民形成をめざす就学義務の理念はまだ打ち出されていなかったからである。

　しかし，前節でみたように，キリスト教の伝統を守ろうとする教会と経済の活性化をめざす新興階層＝市民層との対立の激化は，すでに中世の終焉と近代の到来を予言していた。そして，こうした近代の始まりの時期たる15世紀から，いよいよ周知のルネサンスは始まり，やがて西欧諸国に広まっていった。ルネサンスを通して建築，絵画，文学，彫刻など諸々の領域において人間の無限な可能性が唱えられ，個人を重視する人文主義の潮流が及ぼされた（加えて，自然科学の分野においても，キリスト教的世界観を大きく揺るがした地動説や惑星運動の法則は提唱され，地球が球体であることもマゼランによる人類初の世界周航によって証明された）。

　こうしたなかで，人文主義の勃興の一環として教育思想の革新も生じた。子どもに対する非人間的な扱いを非難しながら児童中心主義的な教育を主張するエラスムスや，実生活に即した教育を唱えるラブレーの教育論の底流をなすのは，まさに自由な「個人」という人間像である。ここで，国王と宗教の権力に囚われないような近代的な「個人」は，大衆の認知レベルや社会の文化的次元で出自に忠実な成層的分化の安定性に亀裂を生み出した。

変革はそれにとどまらなかった。16世紀になると，ローマ法皇の一元的な支配体制を崩した宗教改革は人文主義と連動しながら始まった。この革命運動に火をつけたルターは，当時の修道院の腐敗をするどく指摘し，市政府にすべての子弟が通学するような学校を立ち上げ，さらにその経費を負担することの必要性を主張した。両親が学校に子どもを就学させることを市民としての義務だとし，それを促すことを政府の責任だと強調しているルターは近代義務教育制度の先駆けだったとみなされるべきであろう。

　このように，社会変動の勢いにもはや歯止めをかけることができない。商売や貿易を通じて多大な富を蓄積してきた新興富裕層が封建制に追従する旧勢力の力をしのぐようになったとともに，17～18世紀の間にイギリス，フランスおよびアメリカにおいてそれぞれの形で市民革命は起こり，立憲君主制，民主制，共和制がそれぞれの国で確立された。それにより，絶対王政が崩壊し，ルネサンスと宗教改革がもたらした理念的変革とちがって社会体制の実質的な変革が実現した。つまり，人々が生まれつきの属性によって各階層にふり分けられることはもはやなく，—明治維新を経て同じく近代国家が成立した日本なりの表現をもじっていえば—近代国家とともに誕生した「個人」に向けて「出身立命」の道というものが開かれるようになった（まだ健康な男子などに限っての話だったが）。

　さらに18世紀半ばから，機械による大規模な工場生産を可能にした産業革命がイギリスに始まり，西欧諸国に広く行きわたりつつあった。産業革命は新興階層の商人，手工業者たちの活発な経済活動による資本主義経済の成長を前提としている点からいうと，市民革命と時期的に一部重なっているのみならず，相乗関係にあるといえる。このような二重革命を通して一変した社会において，これまで土地と結びついていた農民も—少し前のマニュファクチュア（工場制手工業）の時代にすでにこうした結びつきが崩壊しはじめてはいるが—次第に工場労働者として工業都市に流れ込むことになる。

（2）近代初期の教育思想

　この時期の教育にとって最も肝心なのは，社会が位階に由来する不平等・不自由を特徴とする成層的分化から，万人の平等・自由を特徴とする機能的分化の段階に至りつつあったことである。機能的分化とは，政治，経済，宗教をはじめ，法，家庭，学問，芸術，マスメディアなどの領域と対応する形でそれぞれの独自の機能を担うシステムがしだいに生まれ，特有の視座から自分の守備範囲だけを管轄するようになることを意味する。

　そこで，先立って現われた，貨幣経済を根本とする経済システムと近代の民主政治を基盤とする政治システムからの人材育成と国民形成の要請に応じて，さらに近代学校と呼ばれる，近代国家によってその経営・管理が行われるものの出現に伴い，私たちにとってなじみの教育システムはようやく誕生した。18世紀後半から20世紀にかけて社会に定着した教育システムはすべての児童を対象とし，「教育」を共同体から近代学校へと限定させて，家庭をその従属的なもの（教育家族）として位置づけた。この現象は，近代の諸個人が努力次第で立身出世する可能性を保障する自由と，誰にでも均等な機会が与えられることを確保する平等とを手に入れたことを語っている。しかしそれと表裏一体をなしていつも随伴しているのは，アイデンティティ的安定性を提供する場としての生活共同体からの離脱と，通貨，実定法，言語などによって担保されている国民的同一性への均質化である。古代と中世において大衆の生活世界のなかに溶け込んでいた教育だが，今度は個人の生を分節化させるほかの分野と同じようにシステム化して独自の土俵をもちはじめただけではなく，私たちが生きている生活世界を侵食（植民地化－ユルゲン・ハーバマス）しはじめたのである。

　教育がシステム化したあとの学校の様子に関しては次節で説明することとし，以下はこの変革が多発する時期における代表的な教育論を紹介していこう。これらの教育論は教育システムの成立と直接にはかかわっていないものの，それが誕生するプロセスの進展に言説のレベルで寄与したと考えられる。

　17世紀前半に活躍していた今のチェコの司祭，コメニウス（1592-1670）は，最初の体系的な教育論を彼の主著『大教授学』において提示している。コメニ

ウスは階層，男女や宗派を問わず，「すべての人にすべての事柄を教授」することの必要性を唱え，発達段階に応じてそれぞれの段階にふさわしい学校への全民就学を主張している。また，彼はこれらの学校が原則として公費によって設立かつ維持されねばならないとし，このような単線型の教育様式を通じてあらゆる偏見や争いをなくした平等な平和社会の実現を望んでいた。コメニウスの構想には早くも近代教育システムの雛型がかいまみえるがゆえ，彼は教育史学において近代教育学の先駆と考えられてもいる。

17世紀後半の市民革命期に異彩を放ったイギリスの思想家，ロック（1632-1704）は，コメニウスとちがって学校教育に対して批判的であり，徳育・体育・知育を扱う家庭教育の重要性を上流階層に対して説いた。そして，貧困層の子弟への救済として，ロックは商品の生産労働に従事しながら教育を受けるというような労働学校の仕組みを構想していた。その教育目的は勤勉な態度や宗教的道徳心の涵養にあり，家庭教育による教養の形成を求める上流階層に向けた教育論とはいわば別次元である。この点からすれば，ロックの教育思想は成層的分化段階の社会秩序の再生産に寄与する側面があるだろう。

18世紀のフランスにはもう一人の思想家，ルソー（1712-1778）が生まれた。ルソーはロックと同じく市民革命の進行に大きな影響を及ぼした一人である。彼の教育論の全体像は，あの有名な著『エミール』でうかがえる。ルソーからすれば，教育とは自然と合致する発達の過程であり，したがって教育者がやるべきことは，子どもに元来備わっている諸能力をよりよく開花させるための環境を用意することである。子どもの本性，言い換えればあらゆる自然的傾向を本質的に善とみなし，現実社会こそは諸悪をはらんでいる根源だと考えているルソーの眼差しは，社会史のアリエスがいうように「小さな大人」と考えられてきた子どもに注目を浴びさせ，大人と異なる精神世界をもつ子どもの固有状態を重視するようになるという「子どもの発見」に貢献した。また彼の教育論は，19世紀以降の世界に広がる新教育の源流の1つと明確にいえる。

ルソーの教育思想から影響を受けたのは，教育界の聖人と仰がれているスイスのペスタロッチ（1746-1827）である。彼が生まれた18世紀の中頃は，産業

革命期ほどではないにしても，すでにマニュファクチュアの波が農村に波及していた時期である。そのなかで変貌しつつある農村にある孤児や貧困児を救うべく，ペスタロッチは貧民院を創設するなどさまざまな教育実践にたずさわってきた。そのなかで彼は直観に訴える「実物教授」を展開しながら，愛と信頼を教育関係にもち込むことに取り組んでいた。ペスタロッチの教育実践は，農村共同体への資本主義経済の侵入によって崩れ去りつつあった生活世界―子どもの精神的・心情的・身体的に調和した発達をもたらすことのできる，日常生活の居間における父母の愛情あふれるまなざしを原型とするような世界―を取り戻そうとする性格を帯び，教育システムをも含めて諸々の機能システムによって占領されている後期近代＝現代社会を生きている私たちに示唆を与えるものだろう。

　このペスタロッチの理念をさらに受け継いだのは，「幼稚園の父」と称されるフレーベル（1782-1852）である。フレーベルは子どもに神性が宿っており，それを尊重する前提の下で適切な導きを施すことが教育者の役目であると考えている。また，彼は直観教育を重視し，球体や立方体などの形をしている，子どもの自己活動のための玩具，「恩物」を開発し，1840年に世界初の幼稚園である「一般ドイツ幼稚園」を設立した。以上から，ルソー・ペスタロッチ・フレーベルという新教育論の流れを確認することができるだろう。フレーベルの教育論もやはり，19世紀末期に始まる新教育運動につながっていく。

3　近代学校―システムとしての学校と教育

（1）近代学校装置と合理性

　近代初期の学校の代表的なモデルの原型は，学校空間編成原理の起源としてしばしば取り上げられるベル・ランカスターシステムに求めることができる。

　18世紀末期のイギリスにおいて，産業革命の影響で少年労働，農村人口の流動，賃労働者の増加などの現象はこれまでないほど顕著になってきていた。そのため，大量の賃労働者の子弟や貧困児を前にして，従来，かれらを保護・収容する役割を果たしてきた慈善学校は予算の関係で手に負えない窮状に陥っ

てしまった。この局面への打開策としてベル（1753-1832）およびランカスター（1778-1838）によってそれぞれ別個に案出されたのは、学校での教授効率を以前より大幅に高めることが可能な、いわゆるベル・ランカスターシステム（方式、法）、またの名をモニトリアル・システムと通称される助教法である。教育という営為と組織・制度化された学校とを結びつけた最初の原動力は、まさにこのシステムに由来しているといえるだろう。

　ここで、比較対照のためにまずそれ以前の学校の様相を確認しよう。

　今日のようないくつもの教室から構成されている学校と異なり、17世紀の学校においては教授を営む場所は1つか、図8.1-①②のように真ん中のスクリーンによって分割された二部屋しかなかった。さらに、教師と生徒は対面的に配置されているわけではなく、中心部のスペースを空けられるように部屋の

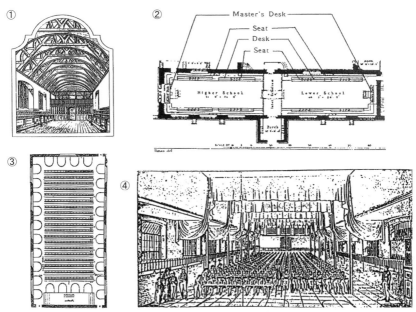

図8.1　①教場の内部のスケッチ、②2つに分けられた教場、③ランカスター・スクールの俯瞰図、④ランカスター・スクールの内部風景
出所：Seaborne, M., The English School:its Architecture and Organization 1370-1870, Routledge & Kegam Paul

第8章　カリキュラム史　139

壁沿いに配されている。

　そして18世紀の末頃になると，3 R'sの教授を扱うベル・ランカスターシステムが登場してきたのである（図8.1-③④）。

　図8.1-④はこのような原理を取り入れた学校の内部風景である。まず注目すべきことは，生徒たちの顔と姿勢を監視するために教師と生徒が対面的に配置されていることである。その後に一斉教授法とともに生まれた，監視の視線が行きわたるように床が後方ほど高くなるように設計された階段状になっているギャラリー方式もこのシステムがもたらした革新と緊密に関係している。また，中央スペースを占めている長机と椅子に配置されるのは，読み書きと計算の能力によって編成されたそれぞれの能力別クラスである。生徒のうちの成績上位者は，段階別に分類されたクラスと対応している形で助教（モニター）として選び出され，実際の教授はこれらの助教によって，一人1つのノート代わりの小黒板や，壁沿いに設けられた半円の空間で黒板に書いて説明するなどして（図補．2），順次に行われる。とはいえ，そこでの学習活動は無秩序なものではない。すべての行動は真ん中の椅子に立っている号令係の指示によって整序されているので，むしろ一斉的かつ秩序整然としていたといえる。

　ベルとランカスターの学校はその優れた合理性・効率性のため，数百人規模の子どもを同時に教授することを可能にし，その学校建設に国庫補助金が交付されるほど，19世紀前半にかけて隆盛を極めたのである。確かに，このシステムはまだ伝統的な個別教授形態を引きずっており，一人の教師が同一の教授内容を一斉に伝えるような一斉教授の段階には至っていないが，その教授形態の一斉性による従順な身体・習慣（ハビトゥス）の形成は産業主義社会の生産労働力への要請と見事に合致している。私たちにとって自明の一斉教授，ク

図8.2　授業風景
出所：Lancaster, J., *The British System of Education*

ラス教授，複数教室が三位一体の関係になったのは 19 世紀の 60〜70 年代に入ってからであるが，このシステムはまさにこのような近代学校の仕組みの構築を促した橋渡し役である。

（2）なぜ教育はシステムなのか

　ここまで述べたことを要約すれば，近代社会の機能的分化の進行——つまり，宗教的な権威の分裂（宗教改革），産業革命以降の国民国家と資本主義経済の発達，大学中心の学術世界の定着，マスメディアの成熟など——は，近代社会の基本単位とされるすべての個人がこれらの領域の諸活動に参与できるように，適切な教育を行うメカニズムを必要としており，この要請に応じて教育システムは分出した。この教育システムはさらに規律・訓練権力（コラム⑤参照）を取り入れて社会の要望を満たせるような個人を生産することに取り組んできた。

　ところが，なぜ教育がシステムなのかという問題にとって，これらの説明はまだ十分ではない。教育システムを教育システムたらしめるのがいかなるものかに答えるには，もう一度学校システムに注目する必要がある。中世の学校は基本的に教える側が教場や教具を自弁し，自足的に経営するような小規模なものにとどまっている。その教授形態も教師や生徒の個人的事情によって大きく左右される一対一の個別教授である。したがって，近代以前の伝統的な学校はその都度新しく起こった出来事に対処する余地が少なく，いわば偶発性に弱くかつ状況依存的である。

　だが，このような状況はベル・ランカスターシステムの出現をきっかけに導入された分業制で一変した。教師とモニターたちの協力関係によってより計画的かつ効率的な授業が実現された。教育内容が細分化され，生徒が能力別に分類され，モニターもクラスごとに配置され，そして教授活動全体は号令係の指令によってさまざまな場面に秩序よく区切られながら一斉的に行われる。そこで，教育自体は教師というより，むしろ組織ないしシステムによる営みとなった。つまり，学校組織の複雑化は，近代学校における教育の単純作業的な性格を生み出した。その後の一斉教授法や，19 世紀後半の学校建設にともなって

現われた同一年齢のクラス制および独立した教室は近代学校がもつ効率性・合理性をいっそう強めた。

このように，教育は大規模な学校とともに「システム化」された。さらにいえば，教育そのものはもはや個々人に影響されえないほど複雑化し，外部からの攪乱要素に耐えられる，自律的なシステムに変身した。前近代の先生・教え子というような濃厚な人格的関係とは違う，社会的役割に特化した教師・生徒のような没人格的な関係はまさに教育のシステムらしい一側面を反映しているのではないか。

（3）教育学の成立

いっぽう，19世紀前半において教育システムの分出と発展に理論上の下支えを与えた学説が現われた。ヘルバルト（1776-1841）はペスタロッチの教育論から示唆を受けて，教育の目的と方法をそれぞれ倫理学と心理学から導き出し，すべての年齢の生徒にあらゆる教科を画一的に教授する一般教育学を構築した。ヘルバルトは「道徳的品性の形成」を目的に定め，それを実現するための方法を「表象心理学」という独自の理論に求めた。詳しくいえば，彼は「表象」という，外部から提示された教材を通じて形成した認識同士を系統的に関連づけることにこそ教育の原理があるとし，それに基づいて学校教育を対象に「明瞭」「連合」「系統」「方法」という「四段階教授法」を打ち立てた。学習内容を理解する段階から応用する段階まで包括的に扱うヘルバルトの教育論はこれまでの教育論が有していない系統性を備えており，システムに化しつつある当時の教育と学校の事情に合致していることから，近代教育学の成立を実現させたとされている。その後，ヘルバルトの教育論は影響力を強めてヘルバルト学派の形成を促したが，かれらにさらに継承され発展させられた。たとえば，ヘルバルトの弟子のツィラー（1817-1882）はカリキュラムの中核に文学・歴史・宗教を据え，他の教科の内容をそれらの中心教科と関連づける「中心統合法」を考案した。また，ツィラーの弟子であるライン（1847-1929）はヘルバルトの「四段階教授法」を「予備」「提示」「比較」「統括」「応用」からなる「五段階

教授法」へと発展させた。このように，ヘルバルト学派の教育論は教育システムに言説のレベルで肉付けをし，効率性や合理性をもたらした近代学校と相まって教育システムの定着に拍車をかけた。

（4）教育システムの病理性

かくして，19世紀後半から世界各地で続々と設立された義務教育制度に伴い，教育システムは近代の個人が避けて通れないライフサイクルの一環となり，出身と関係なくすべての児童を近代学校における「生徒」として包摂するようになった。そして，教育システムは大衆の日常生活に根ざし，人々のかかわり合いによってつくられている生活世界に影響を及ぼしはじめた。この事態がもたらした病理性は，近代学校とともに生じた「教師」と「生徒」という社会的役割をそれぞれ例にとってみればわかる。つまり，学校組織の職務と結びついた「教師」は，子どもが何かを確実に学んだと実感できたときではなく，制度によってあらかじめ定められ学びのスタートラインから呼ばれるべき呼称である。「生徒」も子どもの意志にかかわらず，学校スタンダードや教師からの評価などを読み取りさえすれば誰でもうまく演じられるようなキャラクター的な性質をもっている。このような役割に基づいた教授活動は，個人的な感情の露呈やありのままの自己呈示を必要とせず，教育システムにおける秩序が破壊されない限りでは─言い換えれば，「教師」と「生徒」という秩序が従われさえすれば─その順調な進行が妨害されることがない。そこで，たとえ生活世界によくみられるような信頼関係ないし親密関係の重要性が唱えられても，それは生徒が学校で逸脱したり教育から離脱したりすることを防ぐための，逆にいえば生徒へのより確実な包摂を確保するための方策になりかねない。教育システムによって，生活世界の根底に流れていた生にかかわるコミュニケーションが学校から排除されてしまう。こうした教育システムを前にし，私的領域としての家庭までもその従属的な場に化したのである（教育家族，近代家族）。というのは，わが子の教育にまったく無関心の両親は，あるとしてもきわめて特例だろうからである。裏返せば，よく能力主義，競争主義や学歴主義と批判される

学校教育における受験戦争でわが子を勝ちつづけさせるために，さらにいえば家庭間に存在する経済資本や文化資本の格差によってわが子の教育達成ないしキャリアに悪影響が及ぼされないように，早期教育に投資したり子どもを塾に通わせたり習い事させたりする親は大勢いる。

　実際のところ，「生活世界の植民地化」と称されるこうした現象への抵抗は，すでに教育システムが成立しつつあった当時に世界各地で低い就学率という形をとって端的に表われていた。人々が慣れ親しんでいない近代学校という異様な空間は，多彩な生活世界への脅威として民衆の眼に映っていた。たとえば日本の場合，明治初期において近代化を図るべく導入された近代学校を対象に，次々と農民などの民衆が起こした一連の学校打ち壊し事件はその抵抗にあたる。

　もちろん，私たちが探しつづけているのは，就学拒否や学校破壊というような性急かつ暴力的な道ではなく，生活世界にあふれている日常性を確保しつつ，教育システムとの共生を実現させうるような「抵抗」である。しかし，このような「抵抗」は果たしてどこに存在しているのか。

4　新教育―システムへの抵抗線としての生活世界

（1）第一次世界大戦前の新教育の諸相

　19世紀の末頃から20世紀の初めにかけて，先述したような「抵抗」的な性格を帯びている新教育の論者による学校は欧米各地で相次いで現われはじめた。この流れの先頭を切ったのはイギリスのセシル・レディ（1858-1932）によって1889年アボッツホルムに創立された中等学校である。

　この学校は広い田舎に立地して牧場や農場など豊かな自然に囲まれており，生徒と教師がそこで24時間生活をともにしながら学習・教授活動にたずさわる。カリキュラムについては，午前の知育方面の学びだけでなく，午後に行われる園芸・耕作をはじめとする作業教育と，夜の音楽・絵画を中心とする情操教育も重んじられている。アボッツホルムにおける学校の最も大きな特色は，自然との触れ合いのなかでの実践活動の重要性，さらにそれらの実践の土台をなした生活が教育にとって必要不可欠であることを認識している点である。

アボッツホルムの学校はやがて多大な反響を呼び，フランスではロッシュの学校，ドイツではイルゼンブルクにおける学校が，それぞれドモラン（1852-1907）とリーツ（1868-1919）によって創設された。なかでも，とくにドモランはこうしたイギリスの新学校に対する研究に基づいて『新教育』という本を著し，それは今日に至っても広く使われている「新教育」という言葉の発端と考えられる。アボッツホルムの学校を原型につくられたこれらの学校は「田園教育舎」と呼ばれ，世界中に知られていった。

　ところが，アボッツホルムの学校はパブリック・スクールのような古典語中心の保守的な学校にとって代わる考えの下で設けられた上流階層向けのものである。ロッシュの学校も植民地競争でイギリスに出遅れたフランスの帝国主義的な発達に資するための装置である。そうだとすれば，貧困層の子どもをらち外においている点や，同じく生活世界を侵食しつつある政治システムに追従している点において，田園教育舎の試みは「抵抗」としてはまだ不十分だと言わざるをえない。

　イギリスとほぼ同じ時期において，新教育運動は新興国アメリカでも盛んな展開をみせてきた。そこで，旧来の注入主義的な教育に抗する，別名・進歩主義教育運動（アメリカ版の新教育）が起こった。前述したように，ヘルバルト学派がキリスト教的な歴史と文学を中心とするのに対して，「進歩主義運動の父」と呼ばれるパーカー（1837-1902）は，子どもの合理的な思考を促すための自然科学を重んじる中心統合法を（じつはヘルバルト学派を受けて）提唱した。パーカーはすべての教育は子どもを中心に展開せねばならないという教育理念を基点に，一連の教育改革実践に取り組んでいた。

　パーカーの教育思想を発展させたのが，新教育運動のリーダーたるデューイ（1859-1952）である。デューイは1896年にシカゴ大学附属小学校を設け，そこで彼の新しい教育論を実践してみた。彼が理想とした学校像は図8.3と図8.4に示されているとおりである。そして，シカゴの学校における実践から得られた経験を述べた著作『学校と社会』で，デューイは従来の画一的で教師中心の学校を批判し，教育のコペルニクス的転回が必要であることを説いた。そ

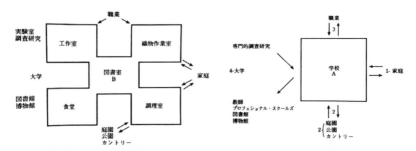

図8.3 デューイの学校モデル　　　　図8.4 学校と地域社会との相互作用
出所：ジョン・デューイ『学校と社会——子どもとカリキュラム』　　出所：同左

れはつまり，ヘルバルト学派の教育論にみられるような，外部からの教材提示や教師役割の優位性に疑念を付し，子どもの内的な興味関心から出発し，かれらの主体性を教育の中心におくべきだということを含意している。デューイの教育理念を集大成した『民主主義と教育』でも，子どもが自らの生活からかけ離れないような遊びや仕事——言い換えれば，経験——を通じて反省的に思考し，興味をもって知的活動を漸進的に展開していくことの重要性が一貫して強調されている。

　田園教育舎と違って，デューイが構想した教育や学校は自然や共同体への回帰を唱えるロマンチックなものではなく，むしろ学校，家庭，地域を緊密に結びつけられる「学び合うコミュニティ」である。詳しくいえば，「学び合うコミュニティ」は協同の生活における障壁が取り去られた公共的な空間であり，教育が学校だけに収斂されないと同時に学校も教育の限定的な場にはならないことを保障するような空間でもある。「学び合うコミュニティ」が編み出したネットワーキングを通して生活と知的な活動とが直結し，生き生きとしたコミュニケーション的行為（対話）によって構築される生活世界と教育システムないし政治システムや経済システムとの調和・共生もここで実現することが，その根底にある目的である。また，そこで育った子どもたちがやがて主体性を備えたよき市民に成長し，コミュニティの再構成にさらに寄与していくといったような好循環が意図的に図られているといえる。

デューイの弟子であり同僚でもあるキルパトリック（1871-1965）は 1918 年に「プロジェクト・メソッド」という論文を発表し，1900 年前後からアメリカで多様なかたちで実践されはじめた「プロジェクト」という，子どもの自己計画による問題解決を重視する教育活動を自分なりに定式化した。「プロジェクト」を「社会的文脈の中で展開される全精神的かつ目的的な活動（a wholehearted purposeful activity proceeding in a social environment）」と定義したキルパトリックは，従来の教授法にみられるような，教師による「目的」「計画」「判断・評価」の独占—逆にいえば，子どもが「実行」だけを行うこと—に反対し，「目的」「計画」「実行」「判断・評価」をすべて子どもの手に委ねるべきだと主張した。こうした目的ある活動を通して，知識・技能の習得だけではなく，道徳的な態度や人格の形成ももたらされうると彼は考えていた。

　イギリスとアメリカだけではなく，新教育運動はドイツでも実を結ぶことになった。20 世紀初頭から，ドイツには合科教授と作業教育（労作教育）に代表されるような教育理念が現れた（ドイツでは新教育を改革教育と呼ぶ）。しかも，この 2 つの理念は従来の教材・教師中心の伝統的な学校教育に異議を申し立てている点において共通している。

　合科教授は，大きく 2 つの流れに分かれていた。1 つは子どもからの問いかけを尊重する自由な話し合いを土台とするため，その場主義的な性格をもっている意味で「自由的な合科教授」である。もう 1 つは身近な生活に基づく単元に諸教科を有機的に組み込んだ，教師によって事前に構成されている教授計画が備わっていることから「拘束的な合科教授」である。ただし両者は，子どもの生活から孤立した教材に準じる知識伝達，時間区分や教科分立が及ぼした生活世界の分節化という点において教科教授を批判しているところで通底しているといえる。

　いっぽう，ケルシェンシュタイナー（1854-1932）によって発展させられた作業学校（労作学校）という概念は，知的な諸教科が偏重される主知主義的な学校教育と対立し，作業による人間形成を基本原理としている。ケルシェンシュタイナーはペスタロッチやデューイに触発されつつ，子どもの自己活動を強調

したとともに，さらに労作と職業とを結びつけて労作教育を通した，国家共同体に貢献できるような公民の育成をも期していた。それゆえ，彼の理論は国家主義的な公民教育論に加担する面があるとされ，多くの論者によって批判されてもいる。

　新教育思想の発展は，資本主義国家のみならず，二月革命と十月革命を経て社会主義体制を確立したロシア（ソビエト連邦：ソ連）においてもみられる。早くも帝政ロシアの時代においてすでに，ロシア文学の代表者たるトルストイ（1828-1910）は支配者と服従者という従来の教育関係を告発し，子どもに内在している独特の世界を認めない従来の学校教育を批判している。その代わりに，トルストイは教師が生徒の人格を尊重し生徒を理解しようとする姿勢を用意せねばならないと考え，それゆえトルストイにとっての教育は教師と生徒の自発的な共同作業にほかならない。

　トルストイの教育思想を摂取・批判し，そのうえさらにマルクス主義を自らの教育論に組み込んだのはソ連の教育家，クループスカヤ（1869-1939）である。クループスカヤはペスタロッチ，デューイらの先進的な教育思想を批判的に受け継ぎ，労働教育と総合技術教育との理念を中核においた独自の教育論を編み出した。そこで，彼女は労働の科学的教授と労働による教育，言い換えれば理論と実践を結ぶ教育を提唱し，生産労働にとって技術的基盤たる知識・技能・態度をすべての教科に溶け込んだカリキュラムを通じて身体労働と精神労働との両方において自立した，つまり「全面発達」した個人を育成することをめざしている。労働の遂行者でありながら，組織者でもありうる自立した個人には，身分制のロシア社会だけでなく，不平等を生み出す西欧の資本主義社会をも超える力が秘められているとクループスカヤは考えている。

（2）第一次世界大戦後の新教育の諸相

　19世紀末期から20世紀初頭にかけての新教育運動は各地で開花したが，当初は無組織的かつ散発的な現象にとどまっていた。しかし，新教育運動は第一次世界大戦という下火の一時期を経て，平和主義の流れに乗って再び活発に

なったのみならず，市や国家からの公的な支持を得て国際的な連動までも生み出すようになった。1921年に生まれた「国際新教育連盟」の成立がまさにその大きな成果の1つである。ここで，第一次世界大戦後の新教育の諸相についてみてみよう。

まずアメリカの場合，1919年デューイらを指導者とする進歩主義教育協会が創立された。この組織の活発な活動によって，生活面に重きをおくような児童中心的な新学校が続々とつくられることになった。のみならず，ドルトン・プラン，ウィネトカ・プラン，そしてカリフォルニアやバージニア州のプランは，新教育をめぐる試みとして生まれた。

パーカスト（1887-1973）によって考案されたドルトン・プランにおいては，生徒たちは教師と相談したうえで自ら学習の計画を立て，自分の興味・関心に沿いながらマイペースで勉学に取り組んでいく。しかも，その学習が教科ごとに設置された実験室で行われる点では，ドルトン・プランは一斉教授方式と形態がおおいにちがう。他方で，ウィネトカ・プランは，生徒たちの個人性に応じられる教育をめざしたものである。それを考え出したウォッシュバーン（1889-1968）は，3 R's を取り扱う「共通必修科目」と音楽や美術などを中心とする「集団的創造活動」をもってカリキュラムを構成し，前者では個別指導や自主学習による習得，後者では集団による人間形成を図っていた。また，コア・カリキュラムの典型ともいわれるカリフォルニア・プランとバージニア・プランの特徴は社会生活における諸問題を解決する学習を中心とし，各教科を周辺課程にあてるところにある。それらのプランは，教科の枠を超えた視点から児童の主体的かつ探究的な態度を含めたいわば全人格的な発達にアプローチする点で高く評価され，戦後の日本にも導入されたのである。

日本における新教育の展開は，まず1920年代から始まった大正新教育運動＝大正自由教育運動という，新学校を設立するブームにみられる。1872（明治5）年に学校教育制度を網羅的に設計するための「学制」の発布を皮切りに，一連の改革・再編を経て定着しつつあった近代学校は，近代化を担う人材と日本国民の育成に寄与する画一的な教育を行う場に特化した。そのような学校教

育と対立し，児童・生徒の個性や主体性への尊重を唱えるところが大正新教育の特色である。なかでも，たとえば児童・生徒の自己活動と能力別のグループ編成を重視する及川平治（1875-1939）の「分団式動的教育」，子どもに作文を綴らせることで諸素質の発達を図る「生活綴方」，澤柳政太郎（1865-1927）が「個性尊重の教育」など4つの理念を掲げて設立した成城小学校などは，それぞれ新教育・新学校への模索の代表例である。たしかに，日本の新教育は戦前や戦時下の総力戦体制や天皇制ファシズム教育からの影響を受けての受難と変質の時期があったが，戦後に至って新しい憲法の施行と民主・自由・平和を求める気運の高まりとともに再び盛んになり，「戦後新教育」という潮流を生み出した。諸教科に別々に経験・活動を盛り込む「生活単元学習」，活動・経験を重んじるとともに教科の要素との総合を図り，学びというプロセスの連続性を求める「コア・カリキュラム」，学校空間に限定せず地域全体を学習の場に設定し，地域の実情に即した課題を教育目的と課程編成に溶かしこむことによって，子どもの実際の生活に必要な問題解決能力の開花をめざす「地域教育計画」はそれぞれ異なる形で戦後新教育の系譜をなしている（さらに，文章力とありのままの自己表現を大事にし，「子どもたちが自らの生活をよりよいものに発展させていくことに協力する」営みとしての生活指導の源流とも見なされている「生活綴方教育」も流行した）。

　戦後新教育としてのこれらの試みは，方法として完結しているものではない。それぞれの問題点がしばしば指摘される。たとえば生活単元学習とコア・カリキュラムとを，「連続性」というキーワードをもって比較対照することができる。つまり，生活単元学習では各教科に導入された「生活」は，1つの全体として組織されていないため，断続的でばらばらであるのに対し，コア・カリキュラムはコア（中心課程）としての「生活」と，周辺課程に位置づけられた諸教科の要素とを有機的に関連づけた点においてより連続的だといえる。ただし，コア・カリキュラムも，子どもの実際の発達状況にそった改善を怠ると，形態が固定してしまい，いわば形骸化・物象化してしまう危険性をはらんでいる。また，地域教育計画は生徒・教員・専門家による地域連携を図りつつ，実

地調査など子どもの主体性の発達につながるような活動を導入したが，視線が地域のみに定められ日本全体や国際的な視野が欠けているという「地域主義」との批判を受けてもいた。

なお，ドイツにおける新教育のさらなる展開の代表としてイエナ・プランとシュタイナー教育があげられる。イエナ・プラン教育は1923年にイエナ大学で誕生した実験教育で，その最も大きな特徴は，1つの学級に異年齢の子どもたちが在籍する独特な学級編成にみられる。そこで，異なる学年の子どもたちが生活や学びについて互いに助け合うなかで他者との差異をよりよく経験し理解することが可能となる。また，学習活動は子どもたちが円形に並べられている椅子に座って話し合う形をとるが，それも学びのためだけではなく，さまざまな感情を共有することができる共同体意識を育てるために考案された空間編成である。

対して，シュタイナー教育の特質はシュタイナーの独自の哲学に求められる。シュタイナーは意志，感情，思考を生かすとともに調和させるような教育を主張する。この認識に基づき，彼は自由かつ自律的な人間が育つのが21歳まで行われた正しい教育によると考え，この21年間を7年ずつ3段階に区切り，それぞれの段階が有する発達課題に応じた教育を提唱する。シュタイナーはさらに感情の働きを強調し，感情を高めるために教育が芸術的になされるべきだとし，教師の役割を芸術家として捉え直している。シュタイナー哲学を土台に設立されたシュタイナー学校は，同一科目を長時間に集中的に学ぶ「エポック授業」，8年間にわたって同一の担任をおくこと，テストを実施しないことなどに代表されるように，従来の学校と異なる自由の学校である。

この時期の新教育はこれまでみてきたアメリカ，日本，ドイツにかぎらず，多くの教育学者・実践者を介して世界各地に広まっていった。たとえば，イギリスのニールは子どものすべての要求を無条件にかなえようと徹底的な生活教育・自由教育を主張した，フランスのフレネは子どもが自分の興味関心を自由に表現して作成する「自由作文」やそのなかから学習材にするものを選出し印刷する「学校印刷所」，地域とのコミュニケーションをはかる「学校間通信」

だけではなく，異年齢の子どもが学び合うクラス編成と，マイペースの学習を可能にする活動計画表，さらに子ども自身で学級・学校運営を組織するための協同組合方式を自らの教育実践に導入した，中国の陶行知(トウコウチ)は生活と教育を結びつけながら平等の教育の実現に尽くしたなど，枚挙にいとまがない。また，新教育の系譜から多少逸れるが，ブラジルのパウロ・フレイレ（1921-1997）が子どもを単なる容器と見なし，教育は容器を満たすような知識伝達あるいは価値注入のプロセスとする「銀行型教育」を植民地における抑圧者による被抑圧者へのあからさまな暴力と同一視して痛烈に批判し，その代わりに不平等を生み出す社会構造の諸々の課題を平等な対話を通して意識・問題化することで「自己解放」を導き出すような「課題提起教育」を提唱したことも忘れてはならない。というのは，1985年に国際連合教育科学文化機関（ユネスコ）によって採択された「学習権宣言」（第1章，巻末資料）も，まさにフレイレの解放教育に多くを学んだものとされるからである。その一方，新教育に関する議論は教育学領域の内部だけにとどまらなかった。ピアジェ，ワロン，ヴィゴツキーなどの心理学者の発達理論をはじめ，心理学領域からの知見もその展開の基礎科学としておおいに寄与したのである。

（3）新教育に潜んでいる生活世界

かくして，新教育の系譜には数多くの理論が絡み合っており，またそれらの理論を土台につくられた学校やそこで行われた実践がそれぞれの特徴をもち，19世紀末期から今日にかけて多様な教育を開花させた。ここで，これだけ多くの新教育理論や実践を，伝統的な教科主義の画一性・閉鎖性を批判し子どもの自己活動を重んじる「子ども中心主義」，自然との触れ合いや共同体での生活に溶け込んだ形で教育を営む「前近代回帰」，地域共同体の構築を通じて教育を再文脈化し民主主義と切り離されえない公共性や市民社会を担保するような教育を模索する「社会改造主義」，マルクス主義を教育論の基盤とする「社会主義」という4つのカテゴリーにしたがって，単純化を恐れずあえてまとめれば表8.1のようになる。

表8.1 新教育における理論・実践の類型

子ども中心主義	前近代回帰	社会改造主義	社会主義
パーカー，デューイ，キルパトリック，ドルトン・プラン，ウィネトカ・プラン，トルストイ，大正新教育，生活単元学習，イエナ・プラン，シュタイナー教育	レディ，ドモラン，リーツ（田園教育舎運動）	パーカー，デューイ，キルパトリック，ケルシェンシュタイナー，コア・カリキュラム，イエナ・プラン，地域教育計画	クループスカヤ

注：パーカーの教育実践には，生活・経験や，教師と生徒をつなぐ信頼・愛を重要視する側面と，民主主義の建設に関する学校の役割など教育における社会的要素を強調する側面がある。デューイは経験の相互作用と連続性の視点から旧来の教科書中心主義や児童中心主義に根差した学校中心的な性格を批判しているものの，彼以前の伝統的教育と異なって子どもの経験に重きをおいた点において子ども中心主義だと考えられる。
出所：筆者作成

　ただし，多様性を極めた新教育の諸理論だが，共通点がないわけではない。ここで，以下の2点を指摘しておきたい。

　第一に，教師・教材中心の伝統的な教育と比べて，新教育の主眼は学びの主体としての子どもの側におかれていること。つまり，教師による知識の伝達を主とする教育は教育的な効果が低いだけではなく，子どもの真の興味関心を失わせたり学校適応感を低下させたりするような諸々の病理性さえはらんでいることが新教育の流れにおいて意識されたのである。そこで，新教育は一方的な知的伝達を止め，子どもの個性・主体性・自己活動を尊重し，いかなる教育活動でも子どもという学びの主体を通らないとその意義が損なわれることを講じる。そこで，従来の教師と生徒の縦の関係性よりも，むしろ信頼関係などによって表される横の関係性はしだいに脚光を浴びるようになる。したがって，先述したような教育のシステム化によって排除されかねない日常生活的なコミュニケーションの地平は，生徒と教師の関係性の変容に伴って学校空間で開かれることになるだろう。子どもへの注目は，教育システムおよびそのほかの諸システムと対峙する生活世界の復権を促す側面がある。

　第二に，新教育の理念を取り入れた学校空間には，より多くの生活的な要素が組み込まれていること。すでに概観したとおり，新教育の理論において生活という概念がそれまでの教育論よりはるかに重要視されるようになった。遊び，

活動，経験，作業，労作，仕事などのキーワードを思い出せばわかるように，それぞれの理論における意味合いや位置づけの相違こそあれ，それらの言葉が多かれ少なかれ生活の位相とかかわっていることは否定できない。この新教育がほぼ共通して有する生活教育的な性格もやはり，規律・訓練に代表されるような近代的な合理性によって締め出された生活世界を学校に再び取り戻そうとする新教育理念の特徴を反映している。

　もちろん，新教育の共通点は上で述べた2点だけにとどまらない。とくに，新教育を統制的・画一的な旧教育と同じ土俵に乗せて両者を比べてみると，子どもの主体性重視の経験主義か客観・客体中心の教科主義か，生活教育か科学教育か，問題解決学習か系統学習か，教師中心主義か児童中心主義かといったような一連の図式ができあがってくる（金馬　2018）。表8.2は，教育理念，教育内容，教育方法，教育関係，理論上の特徴，新旧教育のそれぞれと関連する議論という六つのパースペクティブから，旧教育に対して，新教育が何をほぼ共通して主張したのかをまとめたものである。

　新教育の活発化によって，学校は生活共同体の崩壊によって失われつつある

表8.2　旧教育に対する新教育の主張点

	旧来の教育の批判点	新教育にほぼ共通する特徴
教育理念	統制・管理，指導	自由（放任），興味・関心，支援・援助
教育内容	主知主義（知識偏重）	全人主義，感性，生活経験・体験，活動・労作
	書物主義	実物主義，経験主義・活動主義
教育方法	画一主義，詰め込み	個性，自発性・自主性・主体性，創造性
	形式化・形骸化	生活中心主義，生命活動の重視
教育関係	教師中心主義	児童中心主義，個別または共同・協働
一部の論の特徴	伝達，習得 効率，競争 秩序，権力	思考・判断・表現，活用，探究， 自己活動，自学・創造・自動・自治
関係する論	系統学習，教科主義， 科学主義，文化遺産	問題解決学習・経験主義・生活主義 協同学習

出所：金馬作成

生活世界の拠点としての機能が新たに期待され，与えられた。それだけではなく，新教育の系譜はさらにモンテッソーリの幼稚園やシュタイナー学校をはじめとするオルタナティブ教育の発展にもつながり，多様な教育を選べる環境をも整えたのである。その展開は，かつてイリッチ（イリイチ）（1926-2002）によって危惧されていた「学校化社会」の再編をもたらす可能性を秘めていると同時に，脱学校の「学びのネットワーク」の構築にも資すると考えられる。システムによる統合が進む社会のなかで，新教育の原理によって築き上げられた学校は子どもの居場所を生み出せるようなシステムの侵入に対する砦，換言すれば「システムへの抵抗線としての生活世界」を棲みつかせることがめざせる場になりつつある。

（4）新教育への批判

とはいえ，新教育はすべての教育問題を解決できる万能の方策ではない。新教育に向けてなされた批判を，教育学内部と外部に分けてみることにしよう。

まず，教育学内部からの批判として，たとえばアメリカのキャンデルがあげられる。キャンデルによれば，子どもの自由は一切合財の物事に先立って与えられたものではなく，子どもが教育過程を通して徐々に獲得すべきものである。また，そのような自由な成長が社会的環境によって一定の制約を課されることが不可避であることもキャンデルによって指摘されている。したがってキャンデルからすれば，学習者が外的な目的によって統制されてはならないと主張する児童中心主義的な新教育は教師や教材の役割を過度に退けた結果，感情への理性の従属および非合理主義への崇拝を生み出すばかりか，ナチへの道までも開くことになりかねない（佐藤　1991）。

また，アメリカのみならず，日本においても，戦後に本格的に実践されはじめた新教育はすぐに厳しい批判を受けることになった。とくに，新教育において扱われる生活的な要素が断片的な寄せ集めでしかなく，その分断性が学習の系統性を損い，学力の低下を招きかねないといった懸念から生まれた「はいまわる経験主義」（矢川徳光）という言葉は，常套句として新教育への批判に用

いられてきた。また，自己目的化・形骸化してしまった新教育実践も存在することは，さらに新教育への反省を促した。確かな学力を育む教育か，それとも個性尊重の教育やゆとり教育かをめぐる長年にわたる学力論争も，新教育がすべての教育病理に対処できる万能薬ではない陰の面を映し出してきたといえよう。

　いっぽう，教育学から距離をとりつつ，社会学の視座から教育事象を客観的に記述しようとする論者たちがいる。ここでは，ドイツの社会学者のニクラス・ルーマンの理論に依拠しながら，新教育に潜んでいる問題をはらむ側面に光を当てることにする。ルーマンによれば，人間はその内面が不可視であるブラック・ボックスである。私たちは，たとえば目の前にいる他者がいま何を考えているかを推測することこそ可能であるものの，それを正確かつ全般的に把握することが原理的にできないし，ましてや，他者の内面を意のままに操作することはいっそう不可能である。しかし，近代の教育学ないし教育システムは人間学と緊密に結びつきながら誕生したことは事実である。ここでの人間学について一言でいえば，人間形成の前提条件としての発達可能性，教育可能性を含意している（田中　2003）。つまり，人間学に依拠する教育学は，もっぱら人間の内面を改良することを可能だと見なしてきたのであり，さもなければ教育という営為はそもそも成り立たないだろう。ただし，人間学への依存は，ブラック・ボックスとしての人間がもともと有しているダイナミックな側面から目をそらすことをも同時に意味している。言い換えれば，教育という営みにはいつも失敗のリスクがつきまとっていることは人間学への盲信によって隠されてしまう。となると，教育万能主義は生まれ，本来気づかれるべき潜在的な問題が不問に付される危険性が生じる。たとえば，私たちは学級の「よい子」がいきなり問題行動ひいては犯行に走ったことを前に不思議に思うのは，まさに教育可能性への自明視による反省の欠如に起因するだろう。そのため，たとえ新教育は為すことによる学びや個性尊重などを理念として掲げている点で旧来の教育より一歩進んでいると認められても，自律的な主体を為すことによって育てようとする面においてやはり人間学に追従していると言わざるをえない。

そうだとすれば，新教育もやはり教育システムを支えている人間学の基本原理と親和的であり，システムへの対抗というよりむしろシステムの枠内にとどまりながらその作動に寄与しているものである。

なお，新教育の理論や実践だけでは教育システムの今後の作動を方向づけることはむずかしい。というのは，日本の教育基本法の改正（2006），新自由主義教育改革にもみられるように，教育システムは経済や政治システムなどの諸機能システムとのネットワークを構成しており，政治界や経済界からの影響を大きく受けているからである。つまり，新教育に内在する原理だけではなく，教育システムの作動はほかの機能システムによっても左右されざるをえないのである。さらに，教育システムが「優・劣」という二値化された選別コードの下で自らの作動を展開している。経験や活動が教育に導入されたとはいえ，授業場面の相互行為から入試制度まで習得の優・劣に基づいて生徒をふり分ける選別全般もその動向に応じてただちに変容するわけではない。新教育的な実践は選別と同様に教育システムに位置するかぎり，「優・劣」図式にもっぱら追従するような効率重視の教育に再び道を譲ることになりかねない。1950年代からの教育改革をたどってみれば，日本の教育が自由・平等志向と効率・業績志向の間を往還してきたことがわかるように，新教育は生活世界の復権を実現させられる最終的な方策ではなく，むしろ教育システムが環境側の変化に対処するための，さらにいえば教育システムを教育システムたらしめる1つの応急処置というしかない。

（5）21世紀の教育課題—システム社会論から

いまや，グローバリゼーションの進展とともに，19世紀から構築された産業主義や国民国家の社会的構図が後退し，規律・訓練権力による露骨な支配様式もその効用を徐々に失い，その代わりに知識基盤社会，グローバル社会や環境管理型権力といったものが21世紀のヘゲモニーを握ってきた。流動性を増しつつ複雑化している社会において，教育システムは自らをとりまく社会環境の変容に対処していかねばならない。国際団体のATC21sによって定めら

た，思考の方法・仕事の方法・仕事のツール・社会生活という4カテゴリーと，さらに細分化された10のスキルからなる「21世紀型スキル」の育成という，教育システムに新たに課された課題に加え，経済協力開発機構（OECD）による国際学力調査（PISA）の実施は読解リテラシー（読解力）・数学的リテラシー・科学的リテラシーの三分野を中心に行われ，従来の学力モデルから活用力を筆頭におく新しい学力モデルへと教育システムの動きを導いてきた。ここで，PISA が先進工業国や多国籍企業の発展にとって不可欠なグローバル人材の育成という経済システムからの要請を，また教育システムに媒介する橋渡し役を担っていることは忘れてはならない。それにとどまらず，福祉国家の再編と新保守主義の台頭，核家族の解体なども教育システムの変容にさらなる拍車をかけている。

　すなわち，教育システムは，経済，政治，家庭などの機能システムと連動してその都度の変革を生み出さざるを得ない。このような自己目的的なシステムに分節化した社会において，生にかかわるコミュニケーションによって織りなされた生活世界を取り戻すことはいうまでもなく容易ではない。もちろん，このままシステムの操り人形（システムの奴隷）でいることを甘受することも決して私たちがめざしている行き先ではないだろう。ただし，生活世界を編み直せる力は存在しているのであれば，果たしてどこに求めるべきか。もしその答えが新教育なのであれば，いかに今日の社会環境に応じて新教育の思想を再構成すべきか，していけるかがこれからの課題となるだろう。

深い学びのための課題
1. 具体的な新教育の思想，人物について，近代学校の何を克服しようとしたことになるかを考えてみよう。
2. 共感した思想に線を引き，調べて引用，活用しつつ，理想の教育を論じてみよう。

引用・参考文献

梅根悟（1967）『世界教育史』新評論
─── (1977)『新教育への道』〈梅根悟教育著作選集2〉明治図書
─── (1977)『カリキュラム改造・新教育と社会科』〈梅根悟教育著作選集3〉明治図書
小澤周三・影山昇・小澤滋子・今井重孝（1993）『教育思想史』有斐閣
柏木恭典・上野正道・藤井佳世・村山拓（2011）『学校という対話空間―その過去・現在・未来』北大路書房
金馬国晴（2018）「現代日本における教育課程の変遷」山﨑準二編『教育課程 第二版』学文社
佐藤修司（1991）「キャンドルにおける『教育の自由』の性格―1930年代の進歩主義教育批判を中心に」『東京大学教育学部教育行政学研究室紀要』11
関啓子（1994）『クループスカヤの思想史的研究―ソヴェト教育学と民衆の生活世界』新読書社
田中智志（2003）「自己言及する教育学」森重雄・田中智志編『〈近代教育〉の社会理論』勁草書房
長尾十三二編（1988）『新教育運動の理論』明治図書
─── (1988)『新教育運動の生起と展開』明治図書
ハミルトン，ディヴィット／安川哲夫訳（1998）『学校教育の理論に向けて―クラス・カリキュラム・一斉教授の思想と歴史』世織書房
藤田英典・田中孝彦・寺﨑弘昭（1997）『子どもと教育―教育学入門』岩波書店
森重雄（1993）『モダンのアンスタンス―教育のアルケオロジー』ハーベスト社
Dewey, John (1980) *Democracy and Education. The Later Works of John Dewey*, Southern Illinois University Press（松野安男訳（1975）『民主主義と教育』上・下，岩波書店）
Dewey, John (1990) *The School and Society:The child and the Curriculum*, University of Chicago Press（市村尚久訳（1998）『学校と社会，子どもカリキュラム』講談社）
Luhmann, Niklas (2002) *Das Erziehungssystem der Gesellschaft*, Frankfurt am Main:Suhrkamp（村上淳一訳（2004）『社会の教育システム』東京大学出版社）
─── (1997) *Die Gesellschaft der Gesellschaft*, Frankfurt am Main:Suhrkamp（馬場靖雄・菅原謙・高橋徹訳（2009）『社会の社会』1・2，法政大学出版局）

■コラム⑤　規律・訓練としての学校空間

　ベル・ランカスターシステムをも含め，近代学校の空間編成を支えている基底的な原理に関しては，さらにパノプティコン＝一望監視システムにさかのぼれる。

　「光の遍在」を意味するパノプティコンはイギリスの功利主義者，ジェレミ・ベンサムの造語であり，そのシステム自体もベンサムによって案出された一種の新しい支配様式である。図⑤.1はこの原理を端的に説明している。

　円形の中心部に配置されているのは，それを囲んでいる周りの独房にいる囚人を監視するための塔である。それらの独房と中央監視塔の間に設置されているフィルターの遮断作用によって，円の外部から差してくる光は囚人たちの姿だけを照らし出すようになっている。つまり，光が監視する側にまで届かないように考案されたこの仕組みのおかげで，監視者たちはいつも闇のなかで囚人たちにみられずにかれらの行動を監視することが可能となった。かくして，たとえ監視塔に誰もいないとしても，監視される側は今でも誰かの視線を浴びているのではないかという払拭しがたい不安のもとで自らの行為を規制するようになる。「光の遍在」は「監視の眼差しの遍在」となる。

　パノプティコン原理は監獄のみならず，工場，精神病院，そして学校などの施設に広範に導入・応用されている。この近代的な現象を『監獄の誕生』で権力の視点から

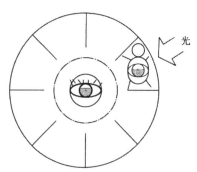

図⑤.1 パノプティコン原理
出所：寺崎弘昭他（1997）『教育学入門』岩波書店，132頁

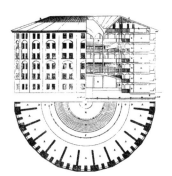

図⑤.2 パノプティコンの構造様式
出所：https://en.m.wikipedia.org/wiki/Panopticon/

分析したフーコーによれば，監視の眼差しにおかれた個々人はさまざまな統制のテクニック―たとえば，外部に閉ざされた空間，統制されたスケジュール，賞罰，頻繁な試験など―にさらされ，ルーティン化された行動の反復を続けさせられる。こうした規律・訓練権力による働きかけのなかで，資本主義経済の発展ないし全体社会の秩序の構築に資する「従順な身体」はつくり上げられることになる。

学校が精神病院や監獄と一緒に並べられていることに驚く人がいるかもしれない。しかし，たとえば生徒たちを孤立化させる競争主義原理や評価される不安を持続的に与える選別機能を思い出せばわかるように，近代学校の根底に潜んでいるのはこの規律・訓練権力といえるのではないか。

念のためにもう少し付け加えると，「大きな物語」が退場しマスメディアと情報技術が著しい発達を遂げた現代社会では，規律・訓練型の権力にみられる超越的な権力者の際立つ視線よりも，たとえばいたるところに配置された監視カメラのような，気づかれにくい視線を活かした環境管理型の権力は台頭し，私たちの生きる環境を調整しつつ，よりソフトな統制を果たしている。

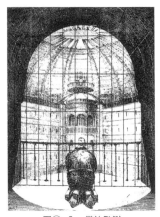

図⑤.3 懲治監獄
出所：N・アルー＝ロマン（1840）『懲治監獄の計画』247頁

また，そこで多数に対する少数の監視であるパノプティコンと相反するような，少数に対する多数の監視を意味するシノプティコンというものも新たに登場した。パノプティコンとシノプティコンとはとりわけFacebookやTwitterなどのソーシャル・メディアにおいて重層的に相互作用しており，学校や教育にも大きな影響を及ぼしているにちがいない。

終章
実習生・教師としての理想とキャリア形成

1 「なりたい教師像」とそのためのツール・材料

　終章では，マイ＝カリキュラム（図1.1または自分史，コラム②ライフヒストリーまんだらなど）を延長し，本書やほかの科目などで学びとってきたことを活用しながら，教師になったときの姿＝「なりたい教師像（または実習生像）」を理想として想像してみよう。

　まず全体的なイメージとして，あこがれだった恩師やテレビ・映画・本の教師などを思い出してみよう。そしてその先生のよさをポイントとして書き出して，学習項目に言い換えてみよう。つぎに，次第に「なりたい教師」，または「やりたい授業」「つくりたいクラス」を組んでいきたいが，そのツールや材料に活用できる知識・技能や本などを必ず見つけ，読みはじめよう。

　そう考えておくと，教育実習にせよ，何が起こるか不安というより，失敗しても次に活かせるだろう。人生の1つの節として相対化されて安心できるし，重要な転換点になりそうでワクワクしてこないだろうか。そうでもないとすればいっそう，実習（さらには教員採用）までに，さまざまな科目での学びを忘れずに，少なくとも資料（テキスト，プリント，ノート）は保管しておいて，ことあるごとに「活用」しよう。

　素材となりうる大学の教職課程のカリキュラムは，以下のような流れだろう。

■講義・演習系…教養・一般教育科目，入門科目（演習を含む）
　教職専門科目（教育諸科学と心理学・臨床教育学）と，教科教育科目
　（内容論・方法論と全体像），独自科目
　（併せて，学部専門科目。演習・ゼミナールを含む）

> ■実習系…介護等体験，実習系科目（観察実習，学校ボランティアなど）
> →教育実習 →教育インターン科目 →まとめの教職実践演習

　これらの教職課程での学びは，先生の卵としてのカリキュラム経験をなし，今後，カリキュラム計画を創っていく際の大事な素材（リソース）となる。「実践的指導力」が求められているが，即戦力的な方法だけでなく，目標・内容を自分で組む力もつけよう。経験とそれにかかわるリソースは，基準を参照しつつも計画のうちに活用でき，実践を豊かにするための素材になりうるものである。そうすれば，カリキュラム基準をそのまま押しつけられることにもならず，カリキュラム計画やその実践への活用，実現も創意工夫しながらできるようにもなる。

　復習や振り返りは，子どもにとって要るように，学生にももちろん不可欠だ。実習系科目に，講義・演習系科目を関連づけてみよう。そうすると，コア・カリキュラムの教職課程版，かつマイ＝コア・カリキュラムができてくる。

2　教師というキャリアを広く考える―いかに学んでいくか

　教師という仕事は「やりたいことがある人には天国な仕事」といえる。新任の20代から，個人の裁量がおおいにきく。サラリーマンや公務員とはその点が違う。担任や教科担当になれば，教室のなかでどんな授業，きまり（挙手・発言，席替え，係，給食，そうじなど），学級・クラスをめざすか（行事を含め）などを，若いときから決められる。行事の準備や席替えなどを，子どもに話し合って決めてほしい，ということも担任としての自分の方針で決められる。そうした点で責任が重いが，外からみるとやりがいがあり魅力的だ。研修やスタンダードなどに合わせさせられる場面も増えているが，常に教室に居座って管理する大人はいない。

　教員になる前に企業に勤めたい，社会に出てみたいという人もいるだろう。だが，教師をしながら，保護者や社会人と語り合う機会がつくれるし，教師こそが職種や地位に限らない，じつに多様な人々とほぼ対等な（政治，経済の事

情が薄い）立場で出会え，語り合える。親しくなった人たちを，ゲストに招ける。先生といえば協力的に，工場見学や農夫・漁師体験をしたり，博物館の裏側を見せてもらったりもできる。

　他方で，「教職課程コアカリキュラム」（2017 年）という文書が出され，教職課程のシラバスがそれに沿うかで，文科省からチェックされる時代に変わった。どの大学の教職課程も，独自に設定できる 2 単位以外のあらゆる科目が，ほぼどの科目の内容も科目名さえ同じにさせられていく。

　学生の側が講義を受けて単位を取るにとどまらず，自主的・主体的に，自ら学び考え，読書し，自主的にも実習に行くことを，そして仲間たちと語り合い，活動をともにすることをしなければ，全国画一で個性も独自性もやりたいことさえない教員に育て上げられてしまう。子どものころに，ほかの先生や校長の顔色をうかがい，同じことをいうような先生をどう思ったろうか。そうならないため，自分のこだわりを大切に「なりたい自分」を描いておき，その○○像を実現するために講義・演習・実習での知識・技能を捉え直すこと（自由に選べないのが辛いが）などをしたい。そうして，教職課程を自分なりのマイ＝カリキュラムに位置づけて，それぞれの科目を解釈しなおしたいものだ。教職履修カルテのようなものがある大学は，それも自分なりに活用していきたい。

　むずかしいようだが，想像しなければ夢はみられない。カリキュラム・マネジメント力は学生にも必要で，マイ＝カリキュラムを教職についてもつくりだし，実際に実習や教職についたとき，自分の学級のカリキュラムをマネジメントしていける力がつくといい。就職後はさらに，同僚とともに学年，学校をマネジメントしていける力をつけていくことになる。

3　パターン（形式）があっても，自分なりに捉え直そう

　こんな話で締めくくろう。ジョセフ・キャンベルは，世界中の神話を調べ尽くし，ヒーローの物語が共通の構造（パターン）をもつことを発見した。すなわち，①主人公が別の非日常世界へ旅に出る，②イニシエーション（通過儀礼）を経て，③元の世界に帰還するという構造だ（Heroes and the Monomyth：

英雄と輪廻）；映画『ファインディング・ジョー』，アトキンソン（2006）も参照）[1]。じつはこの理論は，さまざまな映画に応用されてきたという（スターウォーズ，マトリックス，ロード・オブ・ザ・リングなど）。

逆にみるなら，人の人生（（マイ）カリキュラム）は，パターンは同じだとしても，多彩に各人が展開したり，その場で捉え直したりができるということではないか。以上が真実というものであり，だが広く学問をしなければ，こうした法則も発見できない。

教師になる学生の時分から「学び続ける」習慣と意志こそ養っておきたい。

深い学びのための課題

1. 実習系科目や学校ボランティアでの実践を振り返ろう。ただし，このテキストや科目で学んだことを絡めて，課題を立てて，理論的な振り返りを書いたり語ったりしてみよう。さらに，このテキストの関連部分を読み足して，書き直し，語り直しをしてみよう（広石 2014, 2020 も活用するとよい）。
2. 自分の人生を，子どものころから今まで，または教員になるまで，または教員になってから退職し死ぬまでを振り返り，未来予想も含めて書いてみよう（自分史，またはライフヒストリーまんだら（コラム②）なども活用しよう）。

注
1）詳しくは，以下の構造である。Calling（天命）– Commitment（旅の始まり）– Threshold（境界線）– Guardians（メンター）– Demon（悪魔）– Transformation（変容）– Complete the task（課題完了）– Return home（故郷へ帰る）。

参考・引用文献
アトキンソン／塚田守訳（2006）『私たちの中にある物語—人生のストーリーを書く意義と方法』ミネルヴァ書房
教職課程コアカリキュラムの在り方に関する検討会（2017）『教職課程コアカリキュラム』
広石英記編（2014）『教育方法論』〈新・教職課程シリーズ〉一藝社
――（2020）『学びを創る・学びを支える—新しい教育の理解と方法』一藝社

資　　料

○教育基本法
（1947.3.31 公布，4.1 施行，2006.12.22 改正）

　我々日本国民は，たゆまぬ努力によって築いてきた民主的で文化的な国家を更に発展させるとともに，世界の平和と人類の福祉の向上に貢献することを願うものである。

　我々は，この理想を実現するため，個人の尊厳を重んじ，真理と正義を希求し，公共の精神を尊び，豊かな人間性と創造性を備えた人間の育成を期するとともに，伝統を継承し，新しい文化の創造を目指す教育を推進する。

　ここに，我々は，日本国憲法の精神にのっとり，我が国の未来を切り拓ひらく教育の基本を確立し，その振興を図るため，この法律を制定する。

第1章　教育の目的及び理念
（教育の目的）

第1条　教育は，人格の完成を目指し，平和で民主的な国家及び社会の形成者として必要な資質を備えた心身ともに健康な国民の育成を期して行われなければならない。

（教育の目標）

第2条　教育は，その目的を実現するため，学問の自由を尊重しつつ，次に掲げる目標を達成するよう行われるものとする。

　一　幅広い知識と教養を身に付け，真理を求める態度を養い，豊かな情操と道徳心を培うとともに，健やかな身体を養うこと。

　二　個人の価値を尊重して，その能力を伸ばし，創造性を培い，自主及び自律の精神を養うとともに，職業及び生活との関連を重視し，勤労を重んずる態度を養うこと。

　三　正義と責任，男女の平等，自他の敬愛と協力を重んずるとともに，公共の精神に基づき，主体的に社会の形成に参画し，その発展に寄与する態度を養うこと。

　四　生命を尊び，自然を大切にし，環境の保全に寄与する態度を養うこと。

　五　伝統と文化を尊重し，それらをはぐくんできた我が国と郷土を愛するとともに，他国を尊重し，国際社会の平和と発展に寄与する態度を養うこと。

（生涯学習の理念）

第3条　国民一人一人が，自己の人格を磨き，豊かな人生を送ることができるよう，その生涯にわたって，あらゆる機会に，あらゆる場所において学習することができ，その成果を適切に生かすことのできる社会の実現が図られなければならない。

（教育の機会均等）

第4条　すべて国民は，ひとしく，その能力に応じた教育を受ける機会を与えられなければならず，人種，信条，性別，社会的身分，経済的地位又は門地によって，教育上差別されない。

　2　国及び地方公共団体は，障害のある者が，その障害の状態に応じ，十分な教育を受けられるよう，教育上必要な支援を講じなければならない。

　3　国及び地方公共団体は，能力があるにもかかわらず，経済的理由によって修学が困難な者に対して，奨学の措置を講じなければならない。

第2章　教育の実施に関する基本
（義務教育）

第5条　国民は，その保護する子に，別に法律で定めるところにより，普通教育を受けさせる義務を負う。

　2　義務教育として行われる普通教育は，各個人の有する能力を伸ばしつつ社会において自立的に生きる基礎を培い，また，国家及び社会の形成者として必要とされる基本的な資質を養うことを目的として行われるものとする。

　3　国及び地方公共団体は，義務教育の機会を保障し，その水準を確保するため，適切な役割分担及び相互の協力の下，その実施に責任を負う。

　4　国又は地方公共団体の設置する学校における義務教育については，授業料を徴収しない。

（学校教育）

第6条　法律に定める学校は，公の性質を有するものであって，国，地方公共団体及び法律に定める法人のみが，これを設置することができる。

　2　前項の学校においては，教育の目標が達

成されるよう，教育を受ける者の心身の発達に応じて，体系的な教育が組織的に行われなければならない。この場合において，教育を受ける者が，学校生活を営む上で必要な規律を重んずるとともに，自ら進んで学習に取り組む意欲を高めることを重視して行われなければならない。
(大学)
第7条　大学は，学術の中心として，高い教養と専門的能力を培うとともに，深く真理を探究して新たな知見を創造し，これらの成果を広く社会に提供することにより，社会の発展に寄与するものとする。
　2　大学については，自主性，自律性その他の大学における教育及び研究の特性が尊重されなければならない。
(私立学校)
第8条　私立学校の有する公の性質及び学校教育において果たす重要な役割にかんがみ，国及び地方公共団体は，その自主性を尊重しつつ，助成その他の適当な方法によって私立学校教育の振興に努めなければならない。
(教員)
第9条　法律に定める学校の教員は，自己の崇高な使命を深く自覚し，絶えず研究と修養に励み，その職責の遂行に努めなければならない。
　2　前項の教員については，その使命と職責の重要性にかんがみ，その身分は尊重され，待遇の適正が期せられるとともに，養成と研修の充実が図られなければならない。
(家庭教育)
第10条　父母その他の保護者は，子の教育について第一義的責任を有するものであって，生活のために必要な習慣を身に付けさせるとともに，自立心を育成し，心身の調和のとれた発達を図るよう努めるものとする。
　2　国及び地方公共団体は，家庭教育の自主性を尊重しつつ，保護者に対する学習の機会及び情報の提供その他の家庭教育を支援するために必要な施策を講ずるよう努めなければならない。
(幼児期の教育)
第11条　幼児期の教育は，生涯にわたる人格形成の基礎を培う重要なものであることにかんがみ，国及び地方公共団体は，幼児の健やかな成長に資する良好な環境の整備その他適当な方法によって，その振興に努めなければならない。

(社会教育)
第12条　個人の要望や社会の要請にこたえ，社会において行われる教育は，国及び地方公共団体によって奨励されなければならない。
　2　国及び地方公共団体は，図書館，博物館，公民館その他の社会教育施設の設置，学校の施設の利用，学習の機会及び情報の提供その他の適当な方法によって社会教育の振興に努めなければならない。
(学校，家庭及び地域住民等の相互の連携協力)
第13条　学校，家庭及び地域住民その他の関係者は，教育におけるそれぞれの役割と責任を自覚するとともに，相互の連携及び協力に努めるものとする。
(政治教育)
第14条　良識ある公民として必要な政治的教養は，教育上尊重されなければならない。
　2　法律に定める学校は，特定の政党を支持し，又はこれに反対するための政治教育その他政治的活動をしてはならない。
(宗教教育)
第15条　宗教に関する寛容の態度，宗教に関する一般的な教養及び宗教の社会生活における地位は，教育上尊重されなければならない。
　2　国及び地方公共団体が設置する学校は，特定の宗教のための宗教教育その他宗教的活動をしてはならない。

第3章　教育行政

(教育行政)
第16条　教育は，不当な支配に服することなく，この法律及び他の法律の定めるところにより行われるべきものであり，教育行政は，国と地方公共団体との適切な役割分担及び相互の協力の下，公正かつ適正に行われなければならない。
　2　国は，全国的な教育の機会均等と教育水準の維持向上を図るため，教育に関する施策を総合的に策定し，実施しなければならない。
　3　地方公共団体は，その地域における教育の振興を図るため，その実情に応じた教育に関する施策を策定し，実施しなければならない。
　4　国及び地方公共団体は，教育が円滑かつ継続的に実施されるよう，必要な財政上の措置を講じなければならない。
(教育振興基本計画)
第17条　政府は，教育の振興に関する施策の

総合的かつ計画的な推進を図るため，教育の振興に関する施策についての基本的な方針及び講ずべき施策その他必要な事項について，基本的な計画を定め，これを国会に報告するとともに，公表しなければならない。

2　地方公共団体は，前項の計画を参酌し，その地域の実情に応じ，当該地方公共団体における教育の振興のための施策に関する基本的な計画を定めるよう努めなければならない。

第4章　法令の制定
第18条　この法律に規定する諸条項を実施するため，必要な法令が制定されなければならない。

○学校教育法（抄）
（1947年3月31日　法律第26号）
2007年大幅改正，2017年最終改正

第1章　総則
（学校の定義）
第1条　この法律で，学校とは，幼稚園，小学校，中学校，義務教育学校，高等学校，中等教育学校，特別支援学校，大学及び高等専門学校とする。

第2章　義務教育
（義務教育の目標）
第21条　義務教育として行われる普通教育は，教育基本法（平成18年法律第120号）第5条第2項に規定する目的を実現するため，次に掲げる目標を達成するよう行われるものとする。

1　学校内外における社会的活動を促進し，自主，自律及び協同の精神，規範意識，公正な判断力並びに公共の精神に基づき主体的に社会の形成に参画し，その発展に寄与する態度を養うこと。

2　学校内外における自然体験活動を促進し，生命及び自然を尊重する精神並びに環境の保全に寄与する態度を養うこと。

3　我が国と郷土の現状と歴史について，正しい理解に導き，伝統と文化を尊重し，それらをはぐくんできた我が国と郷土を愛する態度を養うとともに，進んで外国の文化の理解を通じて，他国を尊重し，国際社会の平和と発展に寄与する態度を養うこと。

4　家族と家庭の役割，生活に必要な衣，食，住，情報，産業その他の事項について基礎的な理解と技能を養うこと。

5　読書に親しませ，生活に必要な国語を正しく理解し，使用する基礎的な能力を養うこと。

6　生活に必要な数量的な関係を正しく理解し，処理する基礎的な能力を養うこと。

7　生活にかかわる自然現象について，観察及び実験を通じて，科学的に理解し，処理する基礎的な能力を養うこと。

8　健康，安全で幸福な生活のために必要な習慣を養うとともに，運動を通じて体力を養い，心身の調和的発達を図ること。

9　生活を明るく豊かにする音楽，美術，文芸その他の芸術について基礎的な理解と技能を養うこと。

10　職業についての基礎的な知識と技能，勤労を重んずる態度及び個性に応じて将来の進路を選択する能力を養うこと。

第3章　幼稚園
（幼稚園の目的）
第22条　幼稚園は，義務教育及びその後の教育の基礎を培うものとして，幼児を保育し，幼児の健やかな成長のために適当な環境を与えて，その心身の発達を助長することを目的とする。

（幼稚園教育の目標）
第23条　幼稚園における教育は，前条に規定する目的を実現するため，次に掲げる目標を達成するよう行われるものとする。

1　健康，安全で幸福な生活のために必要な基本的な習慣を養い，身体諸機能の調和的発達を図ること。

2　集団生活を通じて，喜んでこれに参加する態度を養うとともに家族や身近な人への信頼感を深め，自主，自律及び協同の精神並びに規範意識の芽生えを養うこと。

3　身近な社会生活，生命及び自然に対する興味を養い，それらに対する正しい理解と態度及び思考力の芽生えを養うこと。

4　日常の会話や，絵本，童話等に親しむことを通じて，言葉の使い方を正しく導くとともに，相手の話を理解しようとする態度を養うこと。

5　音楽，身体による表現，造形等に親しむことを通じて，豊かな感性と表現力の芽生えを養うこと。

第4章　小学校
（小学校の目的）
第29条　小学校は，心身の発達に応じて，義

務教育として行われる普通教育のうち基礎的なものを施すことを目的とする。
(小学校教育の目標)
第30条 小学校における教育は，前条に規定する目的を実現するために必要な程度において第21条各号に掲げる目標を達成するよう行われるものとする。
② 前項の場合においては，生涯にわたり学習する基盤が培われるよう，基礎的な知識及び技能を習得させるとともに，これらを活用して課題を解決するために必要な思考力，判断力，表現力その他の能力をはぐくみ，主体的に学習に取り組む態度を養うことに，特に意を用いなければならない。
(体験活動の充実)
第31条 小学校においては，前条第1項の規定による目標の達成に資するよう，教育指導を行うに当たり，児童の体験的な学習活動，特にボランティア活動など社会奉仕体験活動，自然体験活動その他の体験活動の充実に努めるものとする。この場合において，社会教育関係団体その他の関係団体及び関係機関との連携に十分配慮しなければならない。
(教育課程)
第33条 小学校の教育課程に関する事項は，第29条及び第30条の規定に従い，文部科学大臣が定める。
第5章 中学校
(中学校の目的)
第45条 中学校は，小学校における教育の基礎の上に，心身の発達に応じて，義務教育として行われる普通教育を施すことを目的とする。
第5章の2 義務教育学校
(義務教育学校の目的)
第49条の2 義務教育学校は，心身の発達に応じて，義務教育として行われる普通教育を基礎的なものから一貫して施すことを目的とする。
(義務教育学校の修業年限)
第49条の4 義務教育学校の修業年限は，9年とする。
(義務教育学校の課程の区分)
第49条の5 義務教育学校の課程は，これを前期6年の前期課程及び後期3年の後期課程に区分する。
第6章 高等学校
(高等学校の目的)

第50条 高等学校は，中学校における教育の基礎の上に，心身の発達及び進路に応じて，高度な普通教育及び専門教育を施すことを目的とする。
(高等学校教育の目標)
第51条 高等学校における教育は，前条に規定する目的を実現するため，次に掲げる目標を達成するよう行われるものとする。
1 義務教育として行われる普通教育の成果を更に発展拡充させて，豊かな人間性，創造性及び健やかな身体を養い，国家及び社会の形成者として必要な資質を養うこと。
2 社会において果たさなければならない使命の自覚に基づき，個性に応じて将来の進路を決定させ，一般的な教養を高め，専門的な知識，技術及び技能を習得させること。
3 個性の確立に努めるとともに，社会について，広く深い理解と健全な批判力を養い，社会の発展に寄与する態度を養うこと。
第7章 中等教育学校
(中等教育学校の目的)
第63条 中等教育学校は，小学校における教育の基礎の上に，心身の発達及び進路に応じて，義務教育として行われる普通教育並びに高度な普通教育及び専門教育を一貫して施すことを目的とする。
第8章 特別支援教育
(特別支援学校の目的)
第72条 特別支援学校は，視覚障害者，聴覚障害者，知的障害者，肢体不自由者又は病弱者(身体虚弱者を含む。以下同じ。)に対して，幼稚園，小学校，中学校又は高等学校に準ずる教育を施すとともに，障害による学習上又は生活上の困難を克服し自立を図るために必要な知識技能を授けることを目的とする。
第9章 大学
(大学の目的)
第83条 大学は，学術の中心として，広く知識を授けるとともに，深く専門の学芸を教授研究し，知的，道徳的及び応用的能力を展開させることを目的とする。
② 大学は，その目的を実現するための教育研究を行い，その成果を広く社会に提供することにより，社会の発展に寄与するものとする。

○学校教育法施行規則（抄）
（1947.5.23 公布）
（教育課程の編成）
第50条 小学校の教育課程は，国語，社会，算数，理科，生活，音楽，図画工作，家庭及び体育の各教科（以下本節中「各教科」という。），特別の教科である道徳，外国語活動，総合的な学習の時間並びに特別活動によって編成するものとする。

2 私立の小学校の教育課程を編成する場合は，前項の規定にかかわらず，宗教を加えることができる。この場合においては，宗教をもって前項の道徳に代えることができる。
（授業時数）
第51条 小学校の各学年における各教科，特別の教科である道徳，外国語活動，総合的な学習及び特別活動のそれぞれの授業時数並びに各学年におけるこれらの総授業時数は，別表第一に定める授業時数を標準とする。
（教育課程の基準）
第52条 小学校の教育課程については，この節に定めるもののほか，教育課程の基準として文部科学大臣が別に公示する小学校学習指導要領によるものとする。
（教育課程の編成）
第72条 中学校の教育課程は，国語，社会，数学，理科，音楽，美術，保健体育，技術・家庭及び外国語（以下本章及び第7章中「各教科」という。），特別の教科である道徳，総合的な学習の時間並びに特別活動によって編成するものとする。
（授業時数）
第73条 中学校（併設型中学校及び第75条第2項に規定する連携型中学校を除く。）の各学年における各教科，特別の教科である道徳，総合的な学習の時間及び特別活動のそれぞれの授業時数並びに各学年におけるこれらの総授業時数は，別表第二に定める授業時数を標準とする。
（教育課程の基準）
第74条 中学校の教育課程については，この章に定めるもののほか，教育課程の基準として文部科学大臣が別に公示する中学校学習指導要領によるものとする。
［教育課程の編成］
第83条 高等学校の教育課程は，別表第三に定める各教科に属する科目，総合的な学習の時間及び特別活動によって編成するものとする。
（教育課程の基準）
第84条 高等学校の教育課程については，この章に定めるもののほか，教育課程の基準として文部科学大臣が別に公示する高等学校学習指導要領によるものとする。

○日本国憲法（抄）
（1946.11.3公布，1947.5.3施行）
前文
日本国民は，正当に選挙された国会における代表者を通じて行動し，われらとわれらの子孫のために，諸国民との協和による成果と，わが国全土にわたつて自由のもたらす恵沢を確保し，政府の行為によつて再び戦争の惨禍が起ることのないやうにすることを決意し，ここに主権が国民に存することを宣言し，この憲法を確定する。そもそも国政は，国民の厳粛な信託によるものであつて，その権威は国民に由来し，その権力は国民の代表者がこれを行使し，その福利は国民がこれを享受する。これは人類普遍の原理であり，この憲法は，かかる原理に基くものである。われらは，これに反する一切の憲法，法令及び詔勅を排除する。

日本国民は，恒久の平和を念願し，人間相互の関係を支配する崇高な理想を深く自覚するのであつて，平和を愛する諸国民の公正と信義に信頼して，われらの安全と生存を保持しようと決意した。われらは，平和を維持し，専制と隷従，圧迫と偏狭を地上から永遠に除去しようと努めてゐる国際社会において，名誉ある地位を占めたいと思ふ。われらは，全世界の国民が，ひとしく恐怖と欠乏から免かれ，平和のうちに生存する権利を有することを確認する。

われらは，いづれの国家も，自国のことのみに専念して他国を無視してはならないのであつて，政治道徳の法則は，普遍的なものであり，この法則に従ふことは，自国の主権を維持し，他国と対等関係に立たうとする各国の責務であると信ずる。

日本国民は，国家の名誉にかけ，全力をあげてこの崇高な理想と目的を達成することを誓ふ。
第1章 天皇
第1条 天皇は，日本国の象徴であり日本国民統合の象徴であつて，この地位は，主権の存する日本国民の総意に基く。

第2章 戦争の放棄

(戦争の放棄と戦力及び交戦権の否認)
第9条 日本国民は，正義と秩序を基調とする国際平和を誠実に希求し，国権の発動たる戦争と，武力による威嚇又は武力の行使は，国際紛争を解決する手段としては，永久にこれを放棄する。

2 前項の目的を達するため，陸海空軍その他の戦力は，これを保持しない。国の交戦権は，これを認めない。

第3章 国民の権利及び義務

第11条 国民は，すべての基本的人権の享有を妨げられない。この憲法が国民に保障する基本的人権は，侵すことのできない永久の権利として，現在及び将来の国民に与へられる。

第12条 この憲法が国民に保障する自由及び権利は，国民の不断の努力によつて，これを保持しなければならない。又，国民は，これを濫用してはならないのであつて，常に公共の福祉のためにこれを利用する責任を負ふ。

第13条 すべて国民は，個人として尊重される。生命，自由及び幸福追求に対する国民の権利については，公共の福祉に反しない限り，立法その他の国政の上で，最大の尊重を必要とする。

第14条 すべて国民は，法の下に平等であつて，人種，信条，性別，社会的身分又は門地により，政治的，経済的又は社会的関係において，差別されない。(第14条2,3 略)

第15条 公務員を選定し，及びこれを罷免することは，国民固有の権利である。

2 すべて公務員は，全体の奉仕者であつて，一部の奉仕者ではない。

3 公務員の選挙については，成年者による普通選挙を保障する。

4 すべて選挙における投票の秘密は，これを侵してはならない。選挙人は，その選択に関し公的にも私的にも責任を問はれない。

第16条 何人も，損害の救済，公務員の罷免，法律，命令又は規則の制定，廃止又は改正その他の事項に関し，平穏に請願する権利を有し，何人も，かかる請願をしたためにいかなる差別待遇も受けない。

第19条 思想及び良心の自由は，これを侵してはならない。

第20条 信教の自由は，何人に対してもこれを保障する。いかなる宗教団体も，国から特権を受け，又は政治上の権力を行使してはならない。

2 何人も，宗教上の行為，祝典，儀式又は行事に参加することを強制されない。

3 国及びその機関は，宗教教育その他いかなる宗教的活動もしてはならない。

第21条 集会，結社及び言論，出版その他一切の表現の自由は，これを保障する。

2 検閲は，これをしてはならない。通信の秘密は，これを侵してはならない。

第22条 何人も，公共の福祉に反しない限り，居住，移転及び職業選択の自由を有する。

2 何人も，外国に移住し，又は国籍を離脱する自由を侵されない。

第23条 学問の自由は，これを保障する。

第24条 婚姻は，両性の合意のみに基いて成立し，夫婦が同等の権利を有することを基本として，相互の協力により，維持されなければならない。

2 配偶者の選択，財産権，相続，住居の選定，離婚並びに婚姻及び家族に関するその他の事項に関しては，法律は，個人の尊厳と両性の本質的平等に立脚して，制定されなければならない。

第25条 すべて国民は，健康で文化的な最低限度の生活を営む権利を有する。

2 国は，すべての生活部面について，社会福祉，社会保障及び公衆衛生の向上及び増進に努めなければならない。

第26条 すべて国民は，法律の定めるところにより，その能力に応じて，ひとしく教育を受ける権利を有する。

2 すべて国民は，法律の定めるところにより，その保護する子女に普通教育を受けさせる義務を負ふ。義務教育は，これを無償とする。

第27条 すべて国民は，勤労の権利を有し，義務を負ふ。

2 賃金，就業時間，休息その他の勤労条件に関する基準は，法律でこれを定める。

3 児童は，これを酷使してはならない。

第28条 勤労者の団結する権利及び団体交渉その他の団体行動をする権利は，これを保障する。

第4章 国会

第41条 国会は，国権の最高機関であつて，国の唯一の立法機関である。

第42条　国会は，衆議院及び参議院の両議院でこれを構成する。
第5章　内　閣
第6章　司　法
第7章　財　政
第89条　公金その他の公の財産は，宗教上の組織若しくは団体の使用，便益若しくは維持のため，又は公の支配に属しない慈善，教育若しくは博愛の事業に対し，これを支出し，又はその利用に供してはならない。
第10章　最高法規
第97条　この憲法が日本国民に保障する基本的人権は，人類の多年にわたる自由獲得の努力の成果であつて，これらの権利は，過去幾多の試錬に堪へ，現在及び将来の国民に対し，侵すことのできない永久の権利として信託されたものである。
第98条　この憲法は，国の最高法規であつて，その条規に反する法律，命令，詔勅及び国務に関するその他の行為の全部又は一部は，その効力を有しない。
　2　日本国が締結した条約及び確立された国際法規は，これを誠実に遵守することを必要とする。
第99条　天皇又は摂政及び国務大臣，国会議員，裁判官その他の公務員は，この憲法を尊重し擁護する義務を負ふ。

○ユネスコ学習権宣言（抄）
（1985年3月29日採択；子どもの権利条約をすすめる会訳）
　学習権を承認するか否かは，人類にとって，これまでにもまして重要な課題となっている。
　学習権とは，読み書きの権利であり，問い続け，深く考える権利であり，想像し，創造する権利であり，自分自身の世界を読みとり，歴史をつづる権利であり，あらゆる教育の手だてを得る権利であり，個人的・集団的力量を発揮させる権利である。
　成人教育パリ会議は，この権利の重要性を再確認する。
　学習権は未来のためにとっておかれる文化的ぜいたく品ではない。
　それは，生き残るという問題が解決されてから生じる権利ではない。
　それは，基礎的な欲求が満たされたあとに行使されるようなものではない。
　学習権は，人間の生存にとって不可欠な手段である。
　もし，世界の人々が，食糧の生産やその他の基本的な人間の欲求が満たされることを望むならば，世界の人々は学習権をもたなければならない。
　もし，女性も男性も，より健康な生活を営もうとするなら，彼らは学習権をもたなければならない。
　もし，わたしたちが戦争を避けようとするなら，平和に生きることを学び，お互いに理解し合うことを学ばねばならない。
　"学習"こそはキーワードである。
　学習権なくしては，人間的発達はありえない。
　学習権なくしては，農業や工業の躍進も地域の健康の増進もなく，そして，さらに学習条件の改善もないであろう。
　この権利なしには，都市や農村で働く人たちの生活水準の向上もないであろう。
　端的にいえば，このような学習権を理解することは，今日の人類にとって決定的に重要な諸問題を解決するために，わたしたちがなしうる最善の貢献の一つなのである。
　しかし，学習権はたんなる経済発展の手段ではない。それは基本的権利の一つとしてとらえられなければならない。
　学習活動はあらゆる教育活動の中心に位置づけられ，人々を，なりゆきまかせの客体から，自らの歴史をつくる主体にかえていくものである。
　それは基本的人権の一つであり，その正当性は普遍的である。学習権は，人類の一部のものに限定されてはならない。すなわち，男性や工業国や有産階級や，学校教育を受けられる幸運な若者たちだけの，排他的特権であってはならない。本パリ会議は，すべての国に対し，この権利を具体化し，すべての人々が効果的にそれを行使するのに必要な条件をつくるように要望する。そのためには，あらゆる人的・物的資源がととのえられ，教育制度がより公正な方向で再検討され，さらにさまざまな地域で成果をあげている手段や方法が参考になろう。
　わたしたちは，政府・非政府双方のあらゆる組織が，国連，ユネスコ，その他の専門機関と協力して，世界的にこの権利を実現する活動をすすめることを切望する。（後略）

○学習指導要領の変遷

(出所：金馬国晴作成 2018年)

小学校	1947年「一般編」／1947-49年、各教科編（分冊）	1949年一部改訂	1951年「一般編」／1951-57年、各教科編（分冊）	1958年（1961年度から完全実施。以下同じ）
中学校				1958年（1962年度～）
高等学校	1947・48年の通牒（実施は1948年～）1947-50年、各教科編（分冊）)			1956・58年（同年度～学年進行）／1960年（1963年度～学年進行）
盲学校・聾学校・養護学校			1957・1960年	1962・1963・1964・1965年（1963・64・65・66年度～学年進行）
幼稚園「教育要領」			1956年	1964年（同年度～）
社会状況と課題	戦後民主化。教育基本法・学校教育法（1947）（教科課程改正準備委員会を受けて）		実態調査、実験学校、編集委員会による問題点の研究	講和条約と日米安保条約（1951）による独立と国際社会の新しい地位　経験主義、生活単元学習の問題点。地域による学力差
コンセプト	経験主義、児童中心主義　生活単元学習、問題解決学習		（同左）	教科内容の系統性の重視。国民の基礎教養という観点での基礎学力の充実　能力主義　「法的拘束力」を強調
主な特色（小・中学校を中心に）	あくまで、試案　教育内容を日常の生活領域で構成する。児童の経験に基づき、その自発性を主眼として多彩な学習活動ができるように	必修教科の時数減、選択しうる教科の数と時間数の増		各教科の内容に、義務教育としての一貫性、小・中と高との一貫性をもたせる。各教科の目標および内容を精選し、基礎的な事項の学習を重視。社会科と道徳の時間との関連を調整 [以下、高]類型（コース）の学年指定。専門科目の内容の精選・充実。必修単位の増加、絶対必修と学科別必修に
重視、充実の分野	[中]必修科目と選択科目 [高]大幅な選択履修			道徳教育　基礎学力（とくに[小]国語、算数の内容）　科学技術教育（[小]算数・数学、理科の内容、[中]数学、理科の時数増、技術・家庭の新設）[小高～]地理・歴史の系統性情操の陶冶、身体の健康安全の指導 [中]進路、特性に応ずる教育（進学組か就職組か）
教科等の廃止	（修身、国史、地理は1945年に（一時）停止）	[中、高]自由研究	[小]自由研究（[中]習字を国語に、日本史を社会に含める。）	
教科・科目・領域の新設	[小、中、高1]社会　[小5、6]家庭　[中]職業（農業、商業、水産、工業、家庭から選択）　[小4-6、中、高]自由研究	[中、高]特別教育活動　[中]その他の教科　[中]その他特に必要な教科　[中]家庭（職業から独立）	[小]教科以外の活動（[小4～6]毛筆学習）　[高]保健体育、時事問題、世界史、一般数学	（特設の）道徳、学校行事等　[中]選択教科　[中]倫理・社会、[高]（教科内の細分化）、[高]その他特に必要な教科、科目（音楽・学校行事で「君が代」、学校行事で「国旗」）
教科・領域の改称、改編		[小・中]体育→保健体育　[中]国史→日本史	[中]社会を地理的分野、歴史的分野、政治・経済・社会的分野に[区分] [中]職業＋家庭→職業・家庭	[小]教科以外の活動→特別教育活動　[中]図画工作→美術　[中]職業・家庭→技術・家庭
授業時数の示し方と増減（学校教育法施行規則を含む。)	指導に弾力性を持たせるため、各教科とも年間の総時数で一単位時間は必ず固定せず、学習の進み方等に応じて変化のある学習も [高]大単位制	教育計画を学校ごとに定められるよう、各教科ごとの最低授業時数と最高授業時数で	[小]各教科を4つの経験領域に分類し、総授業時数に対する％で　教科と教科以外の総授業時数の基準を2学年ごとにまとめて	学校教育法施行規則（1958年一部改訂）で、これまでの時数を最低授業時数として明示。教育課程の最低基準を示し、義務教育の水準の維持を図る [高]学校独自の卒業単位の確定、単位数を標準単位に
前後における民間の主な主張・実践	「生活と教育の結合」、経験主義、生活教育、進歩主義　地域教育計画、地域社会学校（コミュニティースクール）　生活力、問題解決力	コア・カリキュラム。その批判（「学力低下」、国民的共通教養論ミニマム・エッセンシャルズ論ほか）　国民教育論　問題解決学習論と系統学習論（1953頃～）　「三層四領域」（1950年代前半）、「日本社会の基本問題」（1954前後）。　「社会科問題協議会」		「生きて働く」学力　「科学と教育の結合」、系統学習論。（民間版の）教育内容の「現代化」（1959～）　勤評闘争、学テ反対闘争

小学校	1968年（1971年度～）	1977年（1980年度～）	1989年（1992年度～）
中学校	1969年（1972年度～）	1977年（1981年度～）	1989年（1993年度～）
高等学校	1970年（1973年度～学年進行）	1978年（1982年度～学年進行）	1989年（1994年度～学年進行）
盲学校・聾学校・養護学校	1970・1972年（1971・73年度～学年進行）	1979年（1980年度～学年進行）	1989年（1990・92・94年度～学年進行）
幼稚園『教育要領』			1989年（1990年度～）
社会状況と課題	高度経済成長を背景とした日本国民の生活の向上，文化の発展，社会情勢の進展。日本の国際的地位の向上。科学技術の発達や経済，社会，文化等の進展。[高]生徒の能力・適性・進路等の多様化	高校進学率が90%を超える。全国教育研究所連盟の調査報告書（1971）で落ちこぼれの実態が明らかに中教審の四六答申ほかも受けて	情報化，国際化，価値観の多様化，核家族化，高齢化などの社会状況の変化と，それにともなう児童生徒の生活や意識の変容臨時教育審議会（1984～87）の報告も受けて
コンセプト	「調和と統一」教育内容の「現代化」。基本的な概念や方法を基にした教育課程の構造化	「ゆとり」と「充実」基準の大綱化，弾力化。真の意味の知育，知・徳・体の調和のとれた発達[高]特色ある学校づくり，生徒の個性や能力に応じた教育	教育課程編成の弾力化のいっそうの推進生涯学習の基盤を培う，21世紀を目指し社会の変化に主体的に対応できる心豊かな人間の育成
主な特色（小・中学校を中心に）	児童生徒の発達段階や個性，能力に即し，学校の実情に適合するような改善。基礎的な能力の伸張，国民形成の基礎を養う。新しい人間形成の上から調和と統一のある教育課程の編成ができるように。教育内容の基本的事項への精選，集約[高]必修科目をやその単位数の削減。教育課程の類型の設置や科目の履修学年の指定の緩和等	各教科の基礎的・基本的事項を確実に身につけられるように教育内容の精選と創造的な能力の育成各教科の目標・内容を中核的事項にとどめ，教師の自発的な創意工夫を加えた学習指導が充分展開できるように。各教科間の指導内容の再配分や精選。重複を避け，集約化各教科の指導内容の領域区分の整理統合ゆとりある充実した学校生活低学年では基礎的・基本的な内容の共通履修中・高学年では多様な内容を選択履修	小・中・高校における各教科の内容の精選と一貫性の確保。1豊かな心をもち，たくましく生きる人間の育成，2自ら学ぶ意欲と社会の変化に主体的に対応できる能力（自己教育力）の育成や創造力の基礎を養う，3基礎・基本と個性を生かす教育の充実，4我が国の文化・伝統を尊重する態度を育成し，世界の文化や歴史の理解を深め，国際社会に生きる日本人としての資質を養う。（2001年の指導要録改訂より）「新しい学力観」（「関心・意欲・態度」の重視，指導→「支援」）
重視，充実の分野	[小]算数の集合論。理科の見方，考え方。漢字。人物学習[中]数学，英語等，学力差が現れる教科を中心に，生徒の能力・適性等に応じた指導	道徳教育，体育を一層重視し，知・徳・体の調和のとれた人間性豊かな児童生徒を育成。ゆとりある充実した学校生活国民として必要とされる基礎的・基本的事項[高]勤労体験学習[高]習熟の程度による弾力的な学級の編制	道徳の内容の重点化と指導の充実，自然とのふれあいや奉仕等の体験国民として必要とされる基礎的・基本的内容，個性を生かす教育，個に応じた指導，特に[中]選択教科。[中]習熟の程度に応じた別々の学習集団編制の工夫各教科での思考力・判断力・表現力等，論理的思考力，想像力，直観力の育成，情報を適切に活用する能力の育成と情報手段の活用，体験的な学習や問題解決的な学習歴史学習の改善。[中]古典学習[中]外国語によるコミュニケーション能力国旗・国歌の掲揚・斉唱[高]人間としての在り方，生き方の教育
教科等の廃止			[小低]理科，社会[高]社会
教科・科目・領域の新設	[高]数学一般，基礎理科，初級英語，英語会話ほか。科目構成の改編（[小]社会で神話，算数で集合，関数，確率）。各教科以外の教育活動[中]その他特に必要な教科。[中・高]（クラブ活動の必修化）	「ゆとり」の時間[中3]選択教科[高]国語Ⅰ，現代社会，数学Ⅰ，理科Ⅰ，その他特に必要な教科	[小1・2]生活[中2・3]選択履修の幅の拡大（全教科に）[高]家庭科の男女必修，世界史の必修化[高]（職業高校，後に総合学科でも）課題研究
教科・領域の改称，改編	[小・中]特別教育活動＋学校行事等→特別活動（[中]社会で，政治・経済・社会的分野→公民的分野）	（「君が代」→国歌）	（[高]ホームルーム→ホームルーム活動）[中]社会科の地理歴史，公民への再編[中]保体で，格技→武道
授業時数の示し方と増減（学校教育法施行規則を含む。）	学校教育法施行規則で定められていた授業時数を「最低」から「標準」に。地域や学校の実態に即した弾力的な運用が図れるように	[小4以上，中]各教科の標準授業時数の削減（全教科にわたって平均2～3割減）授業時数の運用に創意工夫を加えられるように。[小低]合科的な指導・1単位時間の設定などにつき[高]授業時数，卒業に必要な単位数等の引上げ	各教科等の年間授業時数を確保しつつ，適切な計画の下に授業の1単位時間を弾力的に運用できるように
前後における民間の主な主張・実践	「国民の学習権論」1970年代中頃より，「地域に根ざす教育」日教組委嘱の教育制度検討委員会（第一次。第二次は80年代前半）「わかることと生きる力の結合」	日教組委嘱の中央教育課程検討委員会（『教育課程改革試案』（1976），とくに「総合学習」ほか）「生活と科学と教育の結合」等	授業づくり，楽しい授業学校づくり学びと文化，「学びの共同体」

小学校	1998年（2002年度～）	2003年（一部改正）	2008年（2011年度～）
中学校	1998年（2002年度～）	2003年（一部改正）	2008年（2012年度～）
高等学校	1999年（2003年度～学年進行）	2003年（一部改正）	2009年（2013年度～学年進行）
盲学校・聾学校・養護学校	1998・1999年（2000・02・03年度～学年進行）	2003年（一部改正）	2009年（2009-13年度～学年進行）（特別支援学校）
幼稚園[教育要領]	1998年（2000年度～）		2008年（2009年度～）
社会状況と課題	学校完全週五日制（2002年度～）いじめ、不登校、受験競争の過熱化、学校外での社会体験の不足等の教育問題　国際化、情報化、少子・高齢化といった社会環境の変化	学力低下論争（1999年頃～）文科省アピール「学びのすすめ」（2002）構造改革　教育改革国民会議（2000-01）	「知識基盤社会」教育再生会議（2006～）。教育基本法、学校教育法の「改正」（2006、07）OECDのPISA（2000～）とキー・コンピテンシー全国学力・学習状況調査（2007～）
コンセプト	各学校がゆとりの中で特色ある教育を展開し、子どもたちに「生きる力」をはぐくむこと　基準の大綱化		趣旨はかわらず「生きる力」知識・技能を活用する力（思考力・判断力・表現力など）
主な特色（小・中学校を中心に）	教育内容の厳選（削除、移行統合、軽減、集約・統合・重点化、選択）1　豊かな人間性や社会性、国際社会に生きる日本人としての自覚、2　自ら学び、自ら考える力、3　基礎・基本の確実な定着と個性を生かす教育　4　各学校が創意工夫を生かし特色ある教育・学校づくりを	学習指導要領は全ての子どもに対して指導すべき内容の基準（最低基準）	「生きる力」という理念の共有　各教科での基礎的な知識の習得とその知識を活用する学力の確立するために必要な授業時数の確保　重点指導事項例、到達目標・評価規準も示される。「はどめ」規定の見直し
重視、充実の分野	道徳教育、特に特別活動等におけるボランティア活動や自然体験活動[小]（体験・文化遺産中心の歴史）[中、高] 選択学習の幅の全教科への拡大、国際化・情報化への対応	学習指導要領の基準性を踏まえた各教科の一層の充実、総合的な学習の一層の充実（知の総合化）個に応じた指導の一層の充実　課題学習・補充学習・発展的学習	各教科等における言語活動、科学技術の土台となる理数教育、伝統や文化に関する教育、道徳教育、体験活動。環境教育豊かな心や健やかな体の育成のための指導　各教科で習得と活用、総合的な学習の時間で探究[高] 英語は基本的に英語で
教科等の廃止	（[中、高] 必修クラブ）		
教科・科目・領域の新設	外国語の必修化[小3～、中、高] 総合的な学習の時間[高] 情報、[高] 数学基礎、理科基礎、家庭基礎など[高]（職業高校の専門科目として）情報、福祉、[高]（総合学科で）産業社会と人間		[小5・6] 外国語活動、[高] コミュニケーション英語（[中] 武道の必修化）（[中、高] 部活動についても記述）[高] 国数英で共通科目
教科・領域の改称、改編			2015年3月「道徳の時間」を「特別の教科　道徳」として新たに位置付ける（2015年度から取組可能、小学校は2018年度、中学校は2019年度から検定教科書を導入して実施）
授業時数の示し方と増減（学校教育法施行規則を含む。）	授業の一単位時間の弾力的な運用		週当たりの授業時数の増加　国語、算数・数学、理科、社会、外国語、体育で前回削減した学習内容の復活と授業時数増。総合的な学習の時数削減[中] 選択科目の時数減と必修科目の時数増
前後における民間の主な主張・実践	総合的な学習をめぐる論争　学力低下論争（1999年に大学生についてより）。「ゆとり教育」批判	民間側の教科課程私案・試案、教育課程試案	

174

小学校	2017年（2020年度～）
中学校	2017年（2021年度～）
高等学校	2018年（2022年度～学年進行）
特別支援学校	2017年（完全実施は校種に準ずる）
幼稚園『教育要領』	2017年（2017年度～）
社会状況と課題	『「次世代の学校・地域」創生プラン～学校・地域の一体改革による地域創生～』（2016） 一億総活躍社会。人口減少社会において。 AIで仕事が減る・変わるとの未来予測 コンピテンシー，汎用性のある能力（ジェネリックスキル） 教員改革や学校の　　組織運営改革などとのリンク（「学び続ける教員」，教育委員会と大学による教員育成指標の策定，「チーム学校」，など）教職課程コアカリキュラム 教育再生実行会議の諸提言，ほか 新テスト（高校生のための学びの基礎診断，大学入学共通テスト）の新設
コンセプト	「社会に開かれた教育課程」 構造化 「生きる力」を支える「3つの柱」[何ができるようになるか] 新しい時代に必要となる資質・能力の育成と，学習評価の充実，[何を学ぶか] 新しい時代に必要となる資質・能力を踏まえた教科・科目等の新設や目標・内容の見直し，[どのように学ぶか] 主体的・対話的で深い学び（「アクティブ・ラーニング」の視点からの学習過程の改善
主な特色 （小・中学校を中心に）	学びを人生や社会に生かそうとする学びに向かう力・人間性の涵養，未知の状況にも対応できる思考力・判断力・表現力等の育成，生きて働く知識・技能の習得持続可能な社会の創り手となることができるように学習内容の削減は行わない。
重視，充実の分野	教科等横断的な視点に立った資質・能力の育成，各教科等の特質に応じた物事を捉える視点や考え方（「見方・考え方」），道徳科を要として学校の教育活動全体を通じて行う道徳教育，幼児教育・幼小接続，学校段階等間の接続
教科等の廃止	[小5・6] 外国語活動。[高] 現代社会，数学活用，理科課題研究，生活デザインほか
教科・科目・領域の新設	[小3・4] 外国語活動 [小5・6] 外国語，[高] 地理総合，歴史総合，公共。（その他国語，地理歴史，数学，外国語，情報のなかに新設・再構成科目）理数科（理数探究基礎，理数探究） プログラミング教育
教科・領域の改称，改編	[高] 総合的な学習の時間→総合的な探究の時間
授業時数の示し方と増減（学校教育法施行規則を含む。）	各学校における「カリキュラム・マネジメント」の実現各教科等や学習活動の特質に応じ効果的な場合には，夏季，冬季，学年末等の休業日の期間に授業日を設定できる。 10分から15分程度の短い時間を教科等の年間授業時数に含めることができる。など
前後における民間の主な主張・実践	シティズンシップ教育・主権者教育，防災安全教育・復興教育・放射線教育・原発教育，ESD（持続可能性教育）。 新自由主義・新保守主義への批判 教員の「働き方改革」，中学部活などの見直し

（作成：金馬国晴）

○小学校の授業時数

上段（数字）は2017年版，下段は2008年版

区分	各教科の授業時数									特別の教科である道徳	特別活動	総合的な学習の時間	外国語活動	外国語	総授業時数
	国語	社会	算数	理科	生活	音楽	図画工作	家庭	体育						
1年	306 (306)		136 (136)		102 (102)	68 (68)	68 (68)		102 (102)	34 (34)	34 (34)				850 (850)
2年	315 (315)		175 (175)		105 (105)	70 (70)	70 (70)		105 (105)	35 (35)	35 (35)				910 (910)
3年	245 (245)	70 (70)	175 (175)	90 (90)		60 (60)	60 (60)		105 (105)	35 (35)	35 (35)	70 (70)	35 (—)		980 (945)
4年	245 (245)	90 (90)	175 (175)	105 (105)		60 (60)	60 (60)		105 (105)	35 (35)	35 (35)	70 (70)	35 (—)		1015 (980)
5年	175 (175)	100 (100)	175 (175)	105 (105)		50 (50)	50 (50)	60 (60)	90 (90)	35 (35)	35 (35)	70 (70)	— (35)	70 (—)	1015 (980)
6年	175 (175)	105 (105)	175 (175)	105 (105)		50 (50)	50 (50)	55 (55)	90 (90)	35 (35)	35 (35)	70 (70)	— (35)	70 (—)	1015 (980)
計	1461 (1461)	365 (365)	1011 (1011)	405 (405)	207 (207)	358 (358)	358 (358)	115 (115)	597 (597)	209 (209)	209 (209)	280 (280)	70 (70)	140 (—)	5785 (5645)

備考1．この表の授業時数の1単位時間は，45分とする。
　　2．各教科の授業について，年間35単位時間を超える部分について，15分程度の短い時間を単位とするなど，柔軟な時間割を編成して実施することができる。

○中学校の授業時数

上段（数字）は2017年版，下段は2008年版

区分	各教科の授業時数									特別の教科である道徳	特別活動	総合的な学習の時間	選択教科等	総授業時数
	国語	社会	数学	理科	音楽	美術	保健体育	技術家庭	外国語					
1年	140 (140)	105 (105)	140 (140)	105 (105)	45 (45)	45 (45)	105 (105)	70 (70)	140 (140)	35 (35)	35 (35)	50 (50)		1015 (1015)
2年	140 (140)	105 (105)	105 (105)	140 (140)	35 (35)	35 (35)	105 (105)	70 (70)	140 (140)	35 (35)	35 (35)	70 (70)		1015 (1015)
3年	105 (105)	140 (140)	140 (140)	140 (140)	35 (35)	35 (35)	105 (105)	35 (35)	140 (140)	35 (35)	35 (35)	70 (70)		1015 (1015)
計	385 (385)	350 (350)	385 (385)	385 (385)	115 (115)	115 (115)	315 (315)	175 (175)	420 (420)	105 (105)	105 (105)	190 (190)		3045 (3045)

備考1．この表の授業時数の1単位時間は，50分とする。
　　2．各教科の授業について，年間35単位時間を超える部分について，15分程度の短い時間を単位とするなど，柔軟な時間割を編成して実施することができる。

○高等学校の教科・科目（各学科に共通する各科目と総合的な学習の時間）

[2018年版]

教科	科目	標準単位数	必履修科目
国語	現代の国語	2	○
	言語文化	2	○
	論理国語	4	
	文学国語	4	
	国語表現	4	
	古典探究	4	
地理歴史	地理総合	2	○
	地理探究	3	
	歴史総合	2	○
	日本史探究	3	
	世界史探究	3	
公民	公共	2	○
	倫理	2	
	政治・経済	2	
数学	数学Ⅰ	3	○2単位まで減可
	数学Ⅱ	4	
	数学Ⅲ	3	
	数学A	2	
	数学B	2	
	数学C	2	
理科	科学と人間生活	2	「科学と人間生活」を含む2科目又は基礎を付した科目を3科目
	物理基礎	2	
	物理	4	
	化学基礎	2	
	化学	4	
	生物基礎	2	
	生物	4	
	地学基礎	2	
	地学	4	
保健体育	体育	7～8	○
	保健	2	○
芸術	音楽Ⅰ	2	○
	音楽Ⅱ	2	
	音楽Ⅲ	2	
	美術Ⅰ	2	
	美術Ⅱ	2	
	美術Ⅲ	2	
	工芸Ⅰ	2	
	工芸Ⅱ	2	
	工芸Ⅲ	2	
	書道Ⅰ	2	
	書道Ⅱ	2	
	書道Ⅲ	2	
外国語	英語コミュニケーションⅠ	3	○2単位まで減可
	英語コミュニケーションⅡ	4	
	英語コミュニケーションⅢ	4	
	論理・表現Ⅰ	2	
	論理・表現Ⅱ	2	
	論理・表現Ⅲ	2	
家庭	家庭基礎	2	○
	家庭総合	4	
情報	情報Ⅰ	2	○
	情報Ⅱ	2	
理数	理数探究基礎	1	
	理数探究	2～5	
	総合的な探究の時間	3～6	○2単位まで減可

[2009年版]

教科	科目	標準単位数	必履修科目
国語	国語総合	4	○2単位まで減可
	国語表現	3	
	現代文A	2	
	現代文B	4	
	古典A	2	
	古典B	4	
地理歴史	世界史A	2	○
	世界史B	4	
	日本史A	2	○
	日本史B	4	
	地理A	2	
	地理B	4	
公民	現代社会	2	「現代社会」又は「倫理」・「政治・経済」
	倫理	2	
	政治・経済	2	
数学	数学Ⅰ	3	○2単位まで減可
	数学Ⅱ	4	
	数学Ⅲ	5	
	数学A	2	
	数学B	2	
	数学活用	2	
理科	科学と人間生活	2	「科学と人間生活」を含む2科目又は基礎を付した科目を3科目
	物理基礎	2	
	物理	4	
	化学基礎	2	
	化学	4	
	生物基礎	2	
	生物	4	
	地学基礎	2	
	地学	4	
	理科課題研究	1	
保健体育	体育	7～8	○
	保健	2	○
芸術	音楽Ⅰ	2	○
	音楽Ⅱ	2	
	音楽Ⅲ	2	
	美術Ⅰ	2	
	美術Ⅱ	2	
	美術Ⅲ	2	
	工芸Ⅰ	2	
	工芸Ⅱ	2	
	工芸Ⅲ	2	
	書道Ⅰ	2	
	書道Ⅱ	2	
	書道Ⅲ	2	
外国語	コミュニケーション英語基礎	2	○2単位まで減可
	コミュニケーション英語Ⅰ	3	
	コミュニケーション英語Ⅱ	4	
	コミュニケーション英語Ⅲ	4	
	英語表現Ⅰ	2	
	英語表現Ⅱ	4	
	英語会話	2	
家庭	家庭基礎	2	○
	家庭総合	4	
	生活デザイン	4	
情報	社会と情報	2	○
	情報の科学	2	
	総合的な学習の時間	3～6	○2単位まで減可

○各国の学校系統図

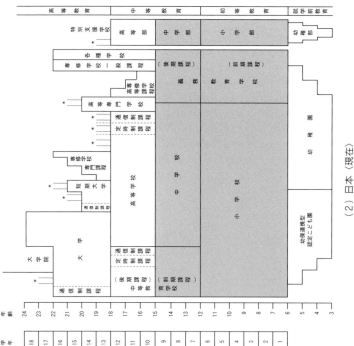

(1) 日本〈昭和19年〉

(出所：文部科学省「教育指標の国際比較」2013年)

(2) 日本〈現在〉

(注) 1. *印は専攻科を示す。
2. 高等学校、中等教育学校後期課程、大学、短期大学、特別支援学校高等部には修業年限1年以上の別科を置くことができる。
3. 幼保連携型認定こども園は、学校かつ児童福祉施設であり0～2歳児も入園することができる。
4. 専修学校の一般課程と各種学校については年齢や入学資格を一律に定めていない。

(出所：文部科学省「教育指標の国際比較」2018年)

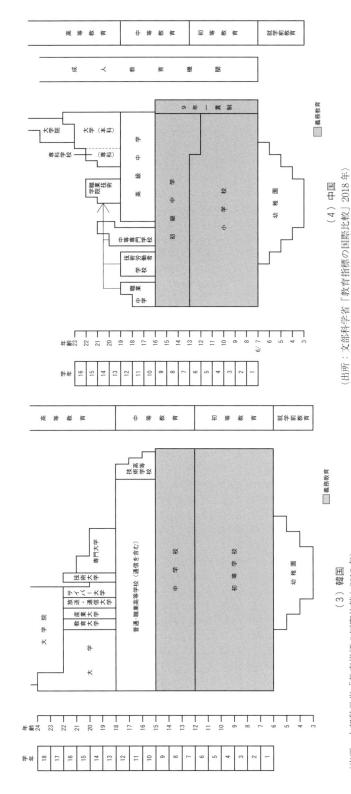

(出所：文部科学省「教育指標の国際比較」2018年)

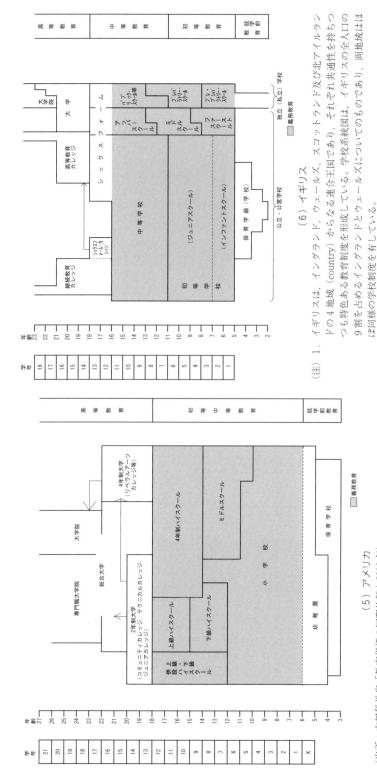

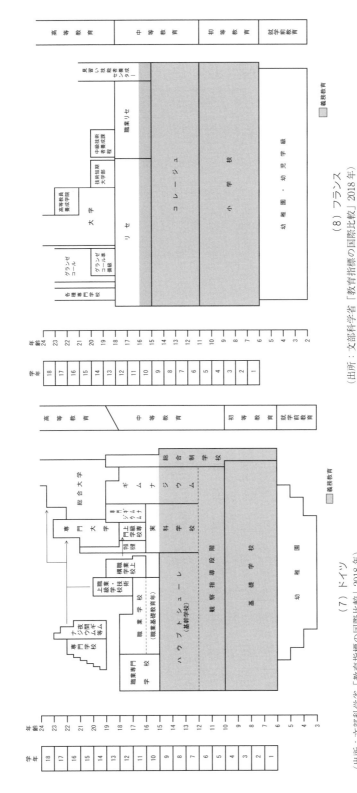

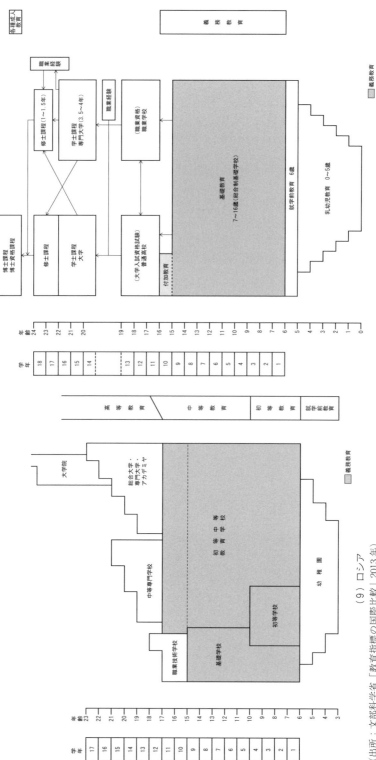

(9) ロシア
(出所：文部科学省「教育指標の国際比較」2013年)

(10) フィンランド
(出所：*Finnish Education in a nutshell 2017*, FINNISH NATIONAL AGENCY FOR EDUCATION)

索　引

[あ行]

ICT　30,31,33
アクティブ・ラーニング（AL）　3-35,72
遊び　2,65,117,146,153
新しい学力観／新学力観　27,72,96,111,119,120
アーティキュレーション　37
ESD　5,102,103,105
生きる力　5,10,87,96,120
五日制　85,88,90,94
一斉教授　14,140,149
イリッチ, I.　4,115,155
ヴィゴツキー, L. S.　2,152
梅根悟　2,13,62
SDGs　5,29,102,103
NGO　103
NPO　62,103
横断的　10,45,47,55,96,98,104,108
落ちこぼれ　14,15,72

[か行]

格差　20,29,37,103,106,108,120,121,125,127,144
学習経験の総体　1,3,8
学習権　4,5,24
学習権宣言（ユネスコ）　152,171
学習材　3,45,76,151
学習指導　15,19
学習指導要領　5,7,9,10,15,17,19,20,23,24,26,27-30,33,34,37,38,44,45,61,66,71,72,74,75,77,85,95,96,98,104,111,113,119-121
　——の変遷　172
　——試案　67
かくれたカリキュラム　12,50,113-118,121,124-126
学校化　4,155
学校教育法　26,28,31,46,113,167
　——施行規則　169
学校系統図　178-182
学校知識　116-128
学校文化　48,50,58
活動主義　38
活用　3,6,7,28,99,102,108,124,168
カリキュラム開発　43,54
カリキュラム・マネジメント　4,10,11,2,44,46,47,49,52-55,98
関心・意欲・態度　27,111,119
観点別評価　27
企業社会　4,106
機能　15,64-66,78,98
義務教育　24,135,143,165,167-170
キャリア　9,45,78,144,161,162
教育課程行政　48,51,113
教育課程経営　43,44
教育基本法　24,28,75,157,165
教育的価値　39,108
教育投資論　33
教科書検定　24,26
競争　14,16,17,27,97,107,108,116-121,144,160
協(共)同　108,117
協働　28,29,33,34,45
教科書裁判　26
近代化　144,149
近代学校　117,118,132,133,136,138,158,159
グローバル　6,33,34,37,59,72,106,121,157
経験主義　63,66-72,74,75,78,154,155
形式　12
形式化／形式主義　5,10-12,38,44
系統　142
系統学習　13,14,43,154
系統主義　27,63,69-72,78
研究開発学校　43,44,98
研究主任　10,11
現代化　43,72
憲法／日本国憲法　24,75,169
コア・カリキュラム　17,43,67,71,73,80,99,109,149,150,162
公開授業　19
合科　98,147
公共　33
公共性　37,39,152
合理　11,13,107,138,140,142,143,145,154,155
効率　13,70,97,108,116,118,139-143,157
告示　26,42,45-47
子ども（児童）中心主義　20,67,69,70,152-154
子どもの経験の総体　9
子どもの権利　60

183

コンピテンシー　28-40,72,96,109,120

[さ行]
再生産　115,121,125,127,129,137
裁量　11,42,44,50,54,59,162
三者協議会　81,92-94
三層四領域論　73,99
試案　24-26,67,73
シークエンス（シーケンス）　36,37,63,64,66,67,69,71,75,76,100
自己責任　20
資質・能力　28,29,31,35,38,39,45,49,55,72,96,97,120,121
自主性　55,108,166
自主編成　9,81
システム　4,5,11,20,23,38,39,42,47,48,54,57,71,80,97,107,108,130,134,136-144,153,157,158
システム思考　23,47,54
実験主義　68
指導要録　27,111,119,120
自分史　20,23,161
社会関係資本　30,33
社会機能法　71
社会に開かれた教育課程　51,57,106
習得-活用-探究　8
主体性　3,5-7,10,37,108,111,146,150,151,153,154
主体的・対話的で深い学び　8,34,45,72,79,121
シュライヒャーへの書簡　7,29
生涯学習　3,110,165
新教育　4,10,43,67,71,97,134,137,144,145,147-150,152,154-158
新自由主義　6,20,30,106,157
進歩主義　67,68,145,149
スクール・ベイスド・カリキュラム（SBCD）　11,42,44
スコープ　36,63,64,66,67,69,71,75,76,100
スタンダード　7,11,59,60,97,143,162
3R's　67,131,133,140
生活科　44,74,98,100,109
生活教育　1,67,68,79,151,154
生活指導　15,82,87,94,102,150
生活世界　4,5,108,130,133,136,144-147,152-155,158
生活単元学習　99,150
生活綴方　150

生徒指導　15
絶対評価　27
ゼロトレランス　11
全国学力・学習状況調査　20,27,46,96
潜在的カリキュラム　12,113
総合　86,91,104,108
総合学習　6,11,80,90,97,109,110
総合的な学習　4,6,27,42,44,62,64,65,72,77,96,97,99
創造　5,11,50,51,80,100,106,126,149
想像　1,5,19,100,124,161,163
相対評価　27
疎外　4,10,11,97,116,118

[た行]
体験学習　35
大綱化・弾力化　44
大衆化　26
態度主義　27,69
多様性（ダイバーシティ）　107,128,153
探究　4,45,68,74,97-99,102,116,118,149,168
単元開発　59,75,77
地域教育計画　151
知識基盤社会　36,106,157
中央教育課程検討委員会　85,86
中央教育審議会（中教審）　28,33,35,42,44,80,106,142
中心統合法　63,64,73,145
テスト収斂システム　4,23
デューイ, J.　60,66,68,70,145-149
到達度評価　27,82
道徳の教科化　33
陶冶　15
特別活動　15,64,99,102,114
特別の教科　道徳　66,169
トリレンマ　17

[な行]
内申書／調査書　27,111
二項対立　12,72,78
21世紀型　30,31,59,96,158
日教組　85,86,97
人間性　28,32,36,37,72,97,121
年間指導計画　19,50,113
能力主義　143,172

[は行]
剥落　23

パターナリズム　60
発見学習　35,68
バーンスティン, B.　116,119,120,122,124
汎用　38,77,120
PISA　7,20,27,29,31,36,96,158
PDCA　35,46,48-50
ヒドゥン・カリキュラム　113
表現の自由　26,170
ブルーナー, J. S.　69,70,80
ブルデュー, P.　115
プログラミング教育　33
プロジェクト　68,147
文化資本　30,115,144
ペスタロッチ, J. H.　137,138,142,147,148
ヘルバルト, J. F.　63,73,142,145,146
法的拘束力／法的拘束性　9,26,43,72,172

　[ま行]
マイ=カリキュラム　2,5,6,12,18,20,96,108,
　161,163
学び合うコミュニティ　146
学びの共同体　62,79

見える化　12,22,54
民間教育研究団体　19,67,72,82,86,94
メタ認知　32
目標に準拠した評価　27
モジュール　64
問題解決　3,5,7,10,13,20,45,61,62,69,73,
　147,150
問題解決学習　13,14,68,154

　[や行]
ゆとり　27,44,96,120,156

　[ら行]
ライフストーリーまんだら　18,22,161,164
リテラシー　110,158
領域　64-66,73,98
ルソー, J. J.　66,137,138
連続性　64,75,150

　[わ行]
ワークショップ　11,22,109,110

[代表編者]
山﨑 準二（やまざき じゅんじ）学習院大学教授
高野 和子（たかの かずこ）明治大学教授

[編著者]
金馬 国晴（きんま くにはる）
1973年生まれ，埼玉に育つ
横浜国立大学教授
一橋大学社会学部，東京大学大学院教育学研究科，湘南工科大学を経て現在に至る
〈主要著書等〉
共編『戦後初期コア・カリキュラム研究資料集』（金馬・安井一郎編集）クロスカルチャー出版
共著『教育課程　第二版』〈教師教育テキストシリーズ9〉（山﨑準二編）学文社
『教育方法論』（広石英記編）一芸社
『希望をつむぐ教育』（行田稔彦他編）生活ジャーナル
『現代教育のキーワード』（田中孝彦他編）大月書店
『よくわかる教育原理』（汐見稔幸他編）ミネルヴァ書房

未来の教育を創る教職教養指針　第6巻
カリキュラム・マネジメントと教育課程

2019年3月28日　第1版第1刷発行
2024年9月10日　第1版第5刷発行

編著　金馬 国晴

発行者　田中 千津子　〒153-0064　東京都目黒区下目黒3-6-1
　　　　　　　　　　　電話　03（3715）1501（代）
発行所　株式会社学文社　FAX　03（3715）2012
　　　　　　　　　　　https://www.gakubunsha.com

© Jyunji YAMAZAKI・Kazuko TAKANO　2019

印刷　亜細亜印刷

乱丁・落丁の場合は本社でお取替えします。
定価はカバーに表示。

ISBN 978-4-7620-2839-7